AF482899

MAVA GUTIÉRREZ

RE IN VENTA

Herramientas para REINVENTAR tus estrategias y llevar tus resultados a un nuevo nivel

REINVENTA
Herramientas para reinventar tus estrategias y llevar tus resultados a un nuevo nivel
Mava Gutiérrez

1.ª edición

Editorial Hojas del Sur S.A.
Buenos Aires, C1419FSU, Argentina
e-mail: info@hojasdelsur.com
www.hojasdelsur.com

ISBN: 978-631-6631-03-9

Dirección editorial: Andrés Mego
Edición: Silvana Freddi
Diseño: Noelia Pepe

Gutierrez, Mava
  Reinventa : herramientas para reinventar tus estrategias y llevar tus resultados a un nuevo nivel / Mava Gutierrez. - 1a ed - Ciudad Autónoma de Buenos Aires : Hojas del Sur, 2025.
  105 p. ; 21 x 14 cm.

  ISBN 978-631-6631-03-9

  1. Economía. 2. Negocios. I. Título.
  CDD 332.02

© 2025 Editorial Hojas del Sur S.A.

Todos los derechos reservados. No se permite la reproducción total o parcial, la distribución o la transformación de este libro, en ninguna forma o medio, ni el ejercicio de otras facultades reservadas sin el permiso previo y escrito del editor. Su infracción está penada por las leyes vigentes.

ÌNDICE

Sin duda, la página más compleja del libro para mí es esta que, paradójicamente, luego, pasa a ser la primera.

Por un lado, es difícil recordar a cada persona que me acompañó y lo sigue haciendo, en el lugar en el que hoy me encuentro. Es por eso que en esta página quiero plasmar aquellos nombres que llegan a mi corazón y que transitaron este tiempo tan desafiante en mi vida personal.

Gracias a Andrés Mego porque, el día que me acerqué a hablarte, me miraste muy firmemente y confiaste en que esa persona que te tocó el hombro —para pedirte una posibilidad— algo podía brindar a tu editorial. Gracias.

Gracias a mi amiga Leonor Pissanchi, mi hermana elegida, quien me insistió, me alentó y me ilusionó con la idea, ya que, en ese momento, solo tenía el deseo de escribir mi segundo libro.

Gracias a mi editora, Silvana Freddi, quien me tomó fuertemente de la mano en este camino, en el que, con dedicación y con profesionalismo, se sumergió en este mundo que amo tanto: el mundo de la venta.

Gracias a mis clientes, a todos aquellos que en estos años me eligieron, que me empujaron a ingresar a sus empresas, a entender qué hacían y por qué, para así trabajar fuertemente en ellos y por ellos, para un mayor resultado.

Gracias a todos los empresarios, profesionales, emprendedores y microemprendedores que me escriben, me consultan, me siguen a través de los distintos canales de comunicación. Gracias, porque no hay nada que me haga sentir más responsable que el saber que cualquier consejo que les brindo y que aplican tiene el resultado esperado.

Es por ustedes que, día a día, trabajo para entender y aplicar nuevas herramientas de comunicación. Sin duda, ustedes son mis mejores capacitadores. ¡Gracias!

Y, por supuesto, gracias a mis afectos, a mi familia, a mis amigos, quienes me aconsejan, me acompañan y me abrazan en cada logro recibido. En especial, a mi sobrina Camila Gutiérrez. Mientras escribí este libro que hoy tienes en tus manos, Cami escuchaba atenta la lectura de cada uno de estos capítulos, dándome luego su devolución, con una suave y sabia mirada. Ella me acompaña con su hermosa escucha.

A mi hijos, Facundo y Bruno, mis grandes amores, las dos personas que le dan sentido a cada cosa que hago. Sus miradas de tanto amor y empuje son suficientes para continuar haciendo lo que hago, con amor, dedicación y mucho compromiso. ¡Gracias!

A todos, ¡gracias!

A ti, que cada día trabajas para tener más resultados; que te despiertas pensando que ese día será mejor que el anterior, que alcanzarás tus objetivos, que llegarás a la meta, buscando todas las herramientas para que eso suceda. Hasta allí, desde mi lugar, quiero acompañarte, sabiendo que, al final de este recorrido, sin duda, tendrás el resultado más esperado.

Capítulo 1

ESTO TAMBIÉN ES VENDER

En mi primer libro he profundizado los "cómo": cómo capto clientes, cómo me comunico, cómo cierro una venta, etc. En cambio, en esta obra que hoy tienes en tus manos, abordaré otros modos de hacerlo a partir de nuevos canales de comunicación (WhatsApp, Instagram, redes, etc.).

Pero ahora, querido vendedor, demos este gran y primer paso en el desafiante mundo de las ventas, en el que el resultado numérico no es el único objetivo, en el que nuestra exigencia y autoexigencia puede llevarnos a límites impensados, e inclusive —en ciertos casos— dañinos. Es por ello que voy a compartirte una consultoría que tuve hace un tiempo con una mujer que trabaja en un multinivel muy conocido y que llegó a tener uno de los cargos más altos dentro de este. Cabe aclarar que cada consultoría que realizo, ya sea individual o empresarial, es absolutamente confidencial. Debido a esto, llamaré a mi consultante "Natalia".

Comencemos…

Una tarde de verano, Natalia se comunica con la empresa con la intención de hablar conmigo porque necesita urgente saber vender más. Cuando hablo directamente con ella, escucho una voz vivaz, fresca, con un dejo de ansiedad (una característica que abunda en nosotros, los vendedores, lo sé…).

Natalia me deja en claro que lo que desea es tener más resultados, que tiene un equipo de 200 personas que, semana tras semana, se va reduciendo de un modo vertiginoso. Es en ese momento en el que aprovecho su recarga de aire para interrumpirla y preguntarle:

—Natalia, ¿tú necesitas una capacitación de ventas o aprender a formar líderes?

Ella responde:

—Todo.

—Okey —continúo—, defíneme "todo".

A partir de ese momento, ella comenzó a detallarme sus objetivos, sus fracasos, sus éxitos y, por supuesto, sus objetivos. Al escucharla, me quedaba totalmente en claro su ansiedad por sentirse una persona exitosa. "¡Ajá! —pensé en mi interior—; encontré su real necesidad". Entonces, cuando nuevamente me dio el espacio para hablar, por fin pude decirle:

—Lo que yo puedo hacer por ti es brindarte una consultoría.

Y comencé a explicarle en detalle en qué consiste esta. Le dejé en claro que son solo dos encuentros y que no se trata de un espacio terapéutico, aunque sí se trabajan aspectos personales, dado que los seres humanos somos un todo y, como tantas veces digo, "el mundo de la venta es la vidriera de los seres humanos". También le expliqué que en el segundo encuentro se trabajan aquellas herramientas concretas que el consultante solicita para un fin determinado, como ser encontrarle sentido a lo que hace (ya sea manejar equipos, tener poder de oratoria, llevar a cabo la selección más adecuada del personal, etc.).

Para mí, estos dos primeros encuentros son los más desafiantes, ya que debemos romper aquellos patrones que limitan el resultado comercial buscado. Sin excepción, cada vez que les comunico esto, del otro lado hay un profundo silencio. Seguidamente, explico cuáles son algunos de esos patrones que interfieren en el poder obtener un resultado integral y eficaz. Al terminar, por lo general, tengo como respuesta un "Bueno, dale", dicho con un cierto grado de lógico temor.

Pero volvamos a la consultoría…

Natalia vive en una ciudad de Mendoza, motivo por el cual el encuentro se hará de manera online. Llega el día; Natalia se conecta puntualmente, aclarándome que está ansiosa. Luego de unos minutos de haber comenzado, la interrumpo y le digo de manera tajante:

—Cuéntame… pusiste cara de querer decirme algo que tienes dando vuelta… te escucho…

Con una voz muy dubitativa y luego de un espacio de silencio, me responde:

—Bueno, sí, pero te voy a contar algo que me da vergüenza.

—No te preocupes: la vergüenza es una emoción que está invitada a este encuentro, dale. —Hago silencio.

Fue en ese momento como si simplemente hubiera puesto *play* para escuchar algún tema que a Natalia le da vueltas en ella… y es entonces cuando me comparte un tema que viene arrastrando desde hace años. El ejemplo es tan claro que ya no quedaban dudas del patrón a romper. Pero, antes de continuar, y para comprenderla un poco más, te contaré sobre ella…

Natalia es una mujer que, desde muy pequeña y con los recursos que tenía, fue saliendo adelante, respetando siempre los mandatos correctos, siendo la niña diez desde el jardín hasta la universidad. Se casó con su primer novio que, luego de muchos años, pudo reconocerlo, la destrataba (vale la aclaración: no la maltrataba). Pero ella se había acostumbrado a no encontrar en él a alguien que valorizara sus logros profesionales; por eso funcionaba en toda su vida en modo off. Así es cómo de una manera opacada recorre sus años profesionales como abogada hasta que un día descubre este reconocido multinivel —un sistema de ventas, donde el crecimiento profesional y económico se activa no solo con la venta de un producto, sino con el hacer crecer a su propio grupo. Es allí donde se van formando distintos niveles y rangos—, del cual hoy aún es parte. Cuando le cuentan la propuesta de este, se entusiasma, recarga toda su energía interior y, como un torbellino, sale a vender. Sin importarle su título universitario —el cual quedó colgado en la pared en un lindo marco—, se lanzó a lo que la llenaba de adrenalina y ambición. Así fue cómo rápidamente ascendió y encontró, en esa posición, el aplauso y el éxito. Día a día, gana prestigio, viajes, algún anillo de reconocimiento por parte de la empresa y qué más… Ese más es ser parte del grupo de wasap de "los mejores de la empresa". ¿Te lo estás imaginando? Pero, no mucho tiempo después, su rendimiento comenzó a bajar; dejó de recibir aplausos, viajes hasta que, una mañana, sucedió algo que la paralizó. Al despertar, tomó su celular, y descubrió que ya no era parte del grupo de wasap.

Había sido eliminada del grupo las "estrellas de la empresa".

Inmediatamente, activando otra emoción que nos impulsa a hacer lo que sea con tal de pertenecer, pidió un préstamo y compró increíbles cantidades de mercadería de la empresa, con el fin de volver a lograr los puntos que anteriormente había obtenido. ¿Puedes pensar cómo terminó todo esto? Sí, con deudas insostenibles.

En el medio de esa desesperación, me convoca para trabajar algo, sin saber específicamente qué es. Una vez finalizado su relato, vuelve su mirada llorosa a la cámara. De mi parte, hice silencio y luego le dije:

—Ahora escribe:

1. ¿Para qué hago lo que hago?

2. ¿Qué es lo que más me duele de todo esto?

3. ¿Cuál es mi pérdida mayor?

Una vez que pudo escribirlo, levantó su vista y, con energía, me dijo:

—Listo. —Como si solo responder esas tres preguntas le solucionaran algo—.

Y continué diciéndole:

—Ahora resalta en color aquellas situaciones en las cuales lo que te movilizó fue esa emoción que te impulsó de manera ciega… el ego.

Natalia bajó la mirada; yo esperé en silencio y, cuando volvió su mirada a mí, me dijo con un pronunciado aire de desánimo:

—Todo.

—No te preocupes: tiene solución porque, cuando tenemos el conocimiento, tenemos el control.

Y así fue cómo seguimos trabajando para romper ese patrón que, desde muy pequeña, sostenía como podía, para ser reconocida.

Tal vez te estás preguntando qué tiene esto que ver con las ventas, y mi respuesta es: "Mucho". Somos un todo; nuestras competencias, nuestros patrones generados y reforzados, nuestras creencias, todo tiene que ver con todo. Somos un todo al momento de comunicarnos, somos un todo al momento de trabajar por el resultado, y eso, querido vendedor, también es vender.

Para pensar...

◊ 1. ¿Te pasó alguna vez algo similar? Es decir, cuando para obtener el resultado, hiciste algo que te terminó perjudicando…

◊ 2. ¿Qué es lo que te impulsa a hacer lo que haces?

◊ 3. ¿Cómo sientes la presión del resultado? ¿Qué herramientas usas para lograrlo?

CAPÍTULO 2

PRIMER PASO: MODELOS MENTALES

Comenzaban los primeros fríos mientras me dirigía a la dirección acordada con el dueño de la empresa. Era la primera vez que iba a dar una a capacitación a 35 ingenieros agrónomos. Es decir, mínimamente, el 70% de ellos tendría un proceso de pensamiento auditivo (según la programación neurolingüística, existen tres procesos de pensamiento: visual, auditivo y kinestésico), lo que implicaba hablar de una manera más pausada que lo habitual para lograr una comunicación efectiva.

Unas semanas atrás, Francisco, el dueño de la empresa, se había comunicado conmigo y, luego de mi disparador "Cuéntame en qué te puedo ayudar", me explicó en detalle sobre la empresa, sobre qué vendían y cómo, haciendo fuerte hincapié en que necesitaba que sus 35 ingenieros agrónomos fueran vendedores. Claramente no fue necesario preguntarle qué pensaban acerca de esto los ingenieros: él mismo se adelantó y me comentó que su *staff* no quería saber nada con el hecho de esa capacitación, ni con vender, por lo que denotaba una preocupación real. Era comprensible el rechazo de estas personas que durante cinco o seis años habían estudiado en la universidad una carrera específica, y de pronto ahora se les pedía vender. Sin embargo, por diferentes razones o decisiones, ingresaron a una empresa relacionada con el agro, la cual necesitaba una comunicación asertiva de esos ingenieros para que el cliente los elija, los vuelva a elegir y los recomiende. Y eso se llama también "vender". Es en este reconocimiento que Francisco, también ingeniero agrónomo, llega a mí. Le expliqué cómo trabajo y que iba a necesitar toda la información necesaria para armar un método de comunicación que incluyera todos los canales de comunicación: la entrevista presencial, los llamados que realizan, los envíos de presupuestos por mail, etc.

Pasaron algunos días desde la primera llamada, cuando Francisco volvió a llamarme para comentarme que su gente no le pasaba la información y que ya no sabía cómo pedírsela. Frente a su preocupación, le dije que se tranquilizara, que averiguaría por mi parte y lo resolveríamos durante la capacitación. El único problema era que no podría dejarles por escrito todo ese día, por no contar con los datos necesarios.

Llegó el día de la capacitación…

A modo de "mimo", el dueño realizó la capacitación en un hotel y aprovechó ese encuentro para llevar a cabo también jornadas de integración, capacitaciones técnicas específicas y, como broche final, una "capacitación de ventas". Y allí llegué buscando que alguien me guiara hacia la sala donde se llevaría a cabo el encuentro, corriendo mesas para encontrar los enchufes y adaptadores, para que todo estuviera listo. Al hacerse la hora de empezar, le comuniqué a Francisco que estaba todo listo. Los treinta y cinco famosos ingenieros agrónomos que me observaban desde lejos comenzaron a acercarse. Y, sin un mínimo contacto visual ni un saludo, se sentaron. Cada uno mostraba un enorme esfuerzo por no querer levantar la cabeza. Tal era el empeño en demostrarme su desagrado que decidí empezar la capacitación de una manera diferente. Con un tono elevado, les dije: "Tengan mucho cuidado: no vaya a suceder que los sorprenda". Y, como si hubiera sido un truco de magia, levantaron sus cabezas, y sonrieron. Luego de este pequeño intercambio visual, comencé, como lo hago siempre, con una dinámica que utilizo para "despertar el cerebro". Te cuento un secreto: siempre utilizo la misma imagen en el Power Point: la sombra de una mujer que está ejecutando un salto en una playa.

Luego les solicité que escribieran una historia que les sugiriera esa foto. Todos me miraron como si les estuviera dando una tarea para el hogar. Pero rápidamente les dije: "Ahora". (Al darles esa indicación, suelen mirarme como sin saber qué hacer, con cara de "No se me ocurre nada"). Entonces, bajaron sus cabezas, masticaron sus biromes, miraron la hoja por unos segundos hasta que, como si una inspiración los hubiera atrapado, comenzaron a escribir de tal manera como si esa capacitación se hubiera transformado en un taller literario.

Al finalizar, les pregunté:

—¿Quién quiere leer?

Silencio total, hasta que un valiente levantó la mano y dijo:

—Yo.

Y comenzó a narrar la historia de una mujer exitosa que festeja en la playa. Otro contó una historia acerca de una mujer cuyo premio logrado por su esfuerzo era irse a la playa, y otro, para llamar la atención, levantó la mano y les dijo: "Felicidad". Para él, la palabra "felicidad" fue la interpretación de esa imagen; no contó una historia, solo enunció una palabra.

Luego de haberlos escuchado, les agradecí y comencé a contarles lo que para mí sugería esa imagen…

Yo soy de Bahía Blanca —con esta simple presentación derribo el prejuicio que los oyentes suelen traer: "¿Qué me va a enseñar a mí esa porteña?"—. Para mí, esa mujer es una joven bailarina profesional, de Monte Hermoso (un lugar ubicado a cien quilómetros de la ciudad de Bahía blanca), que cada tarde se encuentra con su entrenadora y practica una y otra vez aquellos saltos o pasos que no le salen. La entrenadora es quien toma la foto, para que luego ella pueda ver las imperfecciones de su cuerpo al ejecutarlos.

Termino mi relato, vuelvo a mirar la imagen, hago silencio, y les digo: "Esta historia también es inventada". Y continúo:

Lo que sí vemos en esta imagen es una playa soleada, tal vez un amanecer o un atardecer, y a una mujer saltando. El resto solo son historias vinculadas con lo que interpretamos. Y esto se llama "modelos mentales". Historias que determinan nuestro modo de interpretar el mundo y nuestra manera de actuar en este. Y existe tanta cantidad de modelos mentales como seres humanos existen en el Planeta.

Siempre, al iniciar cada charla, cada capacitación, cada taller de ventas, comienzo hablando de modelos mentales, porque este es el talón de Aquiles de nosotros, los vendedores. Asesoramos, explicamos y recomendamos a partir de nuestro modelo mental. Ofrecemos lo que para nosotros es lógico o necesario, o una buena oportunidad. Entonces, ¿hay algún inconveniente con eso?, ¿hay algo que estaría mal? No, ¡claro que no! Solo que voy a venderles a "mavas", es decir, les venderé a personas que tengan un modelo mental similar al mío[1].

---

[1] Al decir: "Voy a venderles a mavas", esto hace referencia a personas que piensen o decidan como yo y, como consecuencia, pierdo todo el resto del mercado de clientes.

Más adelante analizaremos qué disparadores utilizaremos para que sea el otro el que me oriente a su modelo mental, que sea el otro quien me lleve a su comodidad; así, de esta manera estaremos dando el primer paso, que llamaremos "el paso de la persuasión".

Muchas veces consideramos que el desafío de vender es ir sumando ventas, ganar más dinero; es el famoso "darlo todo" para obtener más resultados. Sin embargo, no es así. El primer desafío en el mundo de las ventas es "acomodarme a la comodidad del otro".

Y, ahora sí, iniciemos el primer paso.

Para pensar...

◊ 1) ¿Cómo te gusta a ti que te atiendan cuando vas a comprar algo?

◊ 2) ¿Qué palabras te gusta escuchar?

◊ 3) ¿Qué atenciones te parecen especiales?

CAPÍTULO 3

CANALES DE COMUNICACIÓN

Siento la necesidad imperiosa de hacer un alto, y hablar o, mejor dicho, de aclarar qué sucede con los canales de comunicación.

Las empresas que se comunican conmigo me comparten la misma preocupación. Me dicen: "Mava, ya sabes cómo es ahora… los vendedores solo quieren enviar wasap, y yo les insisto para que llamen directamente por teléfono". A esto rápidamente les respondo: "¿Y quién les atendería el teléfono?". Seamos honestos: si en este momento suena mi celular y leo el nombre de una amiga, solo le voy a enviar un mensaje preguntándole si se le *escapó* el llamado. Y a mi amiga, imaginarás, la tengo registrada.

Si bien hay algo que no cambiará (la necesidad del ser humano de sentirse especial), sí hay diferentes canales de comunicación para hacérselo saber, tales como una llamada, un mail, un wasap, las redes sociales, y lo nuevo que vaya surgiendo. Podemos agregar también que casi los dos primeros mencionados casi no se usan en este último tiempo.

Con relación al teléfono, el hábito de atenderlo corriendo cuando suena ya no es una prioridad. Escuchamos que suena y, excepto que estemos esperando algún llamado en particular, con mucha tranquilidad nos acercaremos a nuestro aparato y veremos quién es el protagonista de nuestra llamada perdida.

En cuanto al mundo comercial, unos pocos años atrás, una parte protagónica de mis capacitaciones estaba destinada a cómo entrenar concertaciones telefónicas, y hasta le agregaba un *slide* más al Power Point con un color llamativo para hablar de **la maratón telefónica.** Contaba en detalle todos los desafíos y premios que esta integraba. No obstante, este tipo de llamados en frío ya no existen más.

Volvamos, entonces, al proceso que sí se utiliza o, mejor dicho, que hoy demandamos en nuestra comunicación. Vamos por partes:

El primer paso es llamar la atención de nuestros clientes a través de las redes sociales. En el libro anterior, profundicé en cómo llamar la atención a través de la red social de Instagram, porque eso es Instagram: una vidriera que nos permite mostrar distintos escenarios para nuestro producto, para que, en consecuencia, me escriban algo así como "Info", "Más info", "Precio", o cualquier escrito que signifique: "Estoy interesado". A partir de allí comienza el método de ventas.

El segundo paso es tener presente que existen varias redes sociales, preguntarme qué deseo mostrar (y cómo) para elegir cuál es el canal de comunicación indicado. Es decir, si no estoy cómodo en TikTok, no estoy obligado a usarla solo porque sea una red social de moda.

Por lo general, en las capacitaciones o consultorías, recomiendo no hacer aquello en lo que no se sienten cómodos, ya que no hay nada que venda más que el ser genuino.

Continuemos con el "cómo" …

Una vez que recibimos el disparador del cliente (que solicita más información o, simplemente, intenta conocer el valor de lo que mostramos), de manera pública le digo algo así: "Te respondo por privado o te respondo por DM". En cuanto a los honorarios de tu producto o de tu servicio, recomiendo escribir: "Partimos desde…", ya que, de esa manera, al cliente le surgen de inmediato dos escenarios:

- ¿Tengo más opciones?

- ¿Lo puedo pagar? ¿Es tan caro como imaginaba?

Resalto "responder de manera pública" porque, si una persona entra a tu red social y solo lee varias preguntas sin respuesta (aunque estas se hayan respondido por privado), lo único que va a pensar es que nadie está leyendo o siguiendo los comentarios. De todas formas, aclaro, si la pregunta realizada me sirve como dato para despejar dudas de otros lectores, también es importante responder. Por ejemplo, cuando suelen preguntarme por especificidades de algún producto (variedad de colores, medidas, tiempos, talles, etc.), si respondo este tipo de especificaciones, lo hago dando esa información a los clientes que pueden tener las mismas dudas. Si no, se envían varios mensajes privados respondiendo lo mismo, lo cual desgasta.

En el tercer paso, al leer en el ícono del mensaje @boquita.loquita, les envío el siguiente mensaje: "Buenos días, por favor, pásame tu nombre completo para poder responder a tu consulta". Y resalto el "Por favor" entre comas porque es el otro el que vino a buscarnos o a consultar. Yo no fui a buscarte para venderte algo. Probablemente, luego de este mensaje, te brinde su nombre. En el caso de que la persona se llame "Josefina", no le diré: "Jose" ni "Mari", si se llamara "María". Es decir, no los llamo por un apodo si este no fue mencionado previamente por mi cliente. Convengamos en que existe un prejuicio: el vendedor querrá venderme a toda costa… por eso, no hagamos nada que denote un acercamiento que nadie nos solicitó. Seamos honestos.

El cuarto paso es generar un segundo mensaje. Ya conocemos su nombre. Por ejemplo: "Josefina, estoy respondiendo la consulta que nos enviaste para recibir asesoramiento para comprar…". A esta altura, le estamos marcando nuevamente que es ella quien nos envió la consulta y, al nombrar la palabra "comprar", voy en concreto a esa acción. Doy por sentado que lo comprará, y no que solo está averiguando. Muchas veces suelo leer mensajes como este: "Josefina, si estás interesada…". ¿Por qué no debería de estarlo? "Si te parece bien, te envío el precio". Ella necesita saber sí o sí el precio para saber si podrá comprarlo o no. O "Josefina, estoy respondiendo tu mensaje, ya que estás averiguando por...". Ten en cuenta que no está averiguando: quiere comprar. Otro detalle a tener en cuenta: les resalto "Nos enviaste". Somos una marca, una empresa; no soy solo yo, que envía un mensaje desde mi casa. De esta manera denoto solidez. Así somos los seres humanos... es maravilloso. Mi abuela solía decir: "Se nos ven los hilos". Cuando vendemos algo que nos parece caro, te aseguro que, por medio de un mensaje, quien está del otro lado se da cuenta de ello.

Por ejemplo, cuando nos preguntan: "¿Cuándo llega?" y le respondemos: "Aprovecha, que hoy tenemos el 10% de descuento", pero no nos preguntó eso, sin intención, le estamos diciendo: "Es caro, así que aprovecha; no importa tu duda: aprovecha el descuento".

Una vez más, ¡qué maravillosos somos los seres humanos! Los canales de comunicación son todo un desafío, contrariamente a lo que podemos suponer en canales duros, donde solo leemos que los mensajes deben ser muy cortos y persuasivos.

Mi querido vendedor, ahora sí, seguimos avanzando...

Para pensar...

◊ ¿Cómo trabajas hoy tus canales de comunicación?

◊ ¿En qué canales consideras que obtienes menores resultados?

◊ Anota en detalle los cambios que pondrás en marcha en tu manera de comunicar.

CAPÍTULO 4

ESTILOS DE CLIENTES/ ESTILOS DE NEGOCIOS

Me encontraba en la hermosa ciudad de Tucumán preparando todo lo necesario para brindar una capacitación. La empresa que me había contratado tiene una gran trayectoria y reconocimiento en el rubro.

El dueño realizó una inversión no solo al brindarles a sus vendedores una capacitación, sino también al agasajarlos en un hermoso hotel de la ciudad. Muy temprano por la mañana, todo estaba listo para comenzar.

Muy amablemente, el generador de todo el evento se acerca y me comenta que la capacitación tendría invitados externos a la empresa; es decir, asistirían familiares, amigos y conocidos. Rápidamente les aclaro que solo puedo referirme a su rubro, ya que la capacitación ha sido diagramada a medida y, probablemente, mis respuestas no les resulten útiles. Con una gran sonrisa y con una palmada en el hombro, me responde como dando por entendido mi comentario y resaltándome que ellos estarían ubicados en el fondo de la sala como "oyentes".

Ya transcurridos unos cuantos minutos, por supuesto, sucedió lo esperado. En reiteradas oportunidades, en el fondo de la sala, veía manos levantadas solicitando algún consejo sobre un rubro que nada tenía que ver con el que yo había preparado. En un momento, una elegante señora me dijo con tono enérgico: "Te voy a hacer un comentario general —sin duda, había percibido que no podía abarcar los rubros de los 'invitados'—: Mava, me molesta mucho cuando voy a un local de ropa —menciona una marca conocida de grandes locales con abundantes percheros y prendas para autoabastecerse de manera individual— y nadie se acerca a atenderme". Entonces, decidí ser contundente con mi respuesta a la participativa "invitada" y, habiéndole preguntado su nombre, le dije: "Laura, el reclamo no es justo de tu parte, ya que la equivocada en la elección en este caso eres tú. Si deseas que te reciban y te asesoren de manera personalizada, debes ir a otro tipo de local". Me explayé más en algunos detalles y continué la interrumpida capacitación.

Suelo escuchar este tipo de reclamos de ambos lados (vendedor y cliente); por eso debemos tener en claro qué estilo de negocio tenemos, dejándolo claro desde el ingreso hasta la línea de cajas y cobros para que el cliente comprenda si es lo que "necesita" con relación al servicio para sentirse cómodamente atendido. Por eso, no escatimes la información. De ser necesario, pon carteles en tu local donde informas qué se puede tocar o no, en qué muebles pueden sentarse o no, la cantidad de prendas que deben llevarse al probador, etc., etc.

También me permito darte un consejo: que tu equipo esté con uniformes, para que puedan, así, ser identificados por los clientes para cualquier consulta que necesiten.

Volvamos a la capacitación: ya transcurridas las horas, yo misma involucraba a los "invitados", resignada a la ausencia de la prometida conducta "oyente".

En un momento les pregunté: "¿Ustedes creen que podemos vender algo que no tengamos o no **deseemos comprar**?". Y resalté **"… deseemos comprar"** porque, si solo me quedara en la primera parte de la pregunta, no existirían vendedores de autos de alta gama, por ejemplo. Todo tiene que ver con ese diálogo interno: "Si tuviera el dinero, lo compraría". Te imaginarás lo que sucedió en el auditorio: respuestas de todo tipo. Es más: una participante me dijo: "Mira, Mava, si vendo algo que no tengo, me sentiría deshonesta". A esto le respondí: "Gracias por tu respuesta; ahora, ¿por qué 'deshonesta'?". ¿Por qué una definición delata semejante juicio de valor? ¡Qué rápido que generamos juicio de valor los seres humanos! El hecho es que, como el mundo de la venta tiene tanto prejuicio, la palabra "deshonesto" —como excusa o como juicio de valor— es algo que repito a menudo, aunque sé que este es un concepto muy fuerte. Ponemos juicio de valor en la decisión del otro.

Ahora bien, ¿qué poder tengo yo para juzgar al otro? ¿Por qué el otro no puede comprar lo que quiere sin que yo lo esté juzgando? Es a este punto donde deseo llegar… En el transcurso del 2020, con plena pandemia decretada, en nuestro país, Argentina, nos encontrábamos viviendo una cuarentena cerrada. No podíamos asomar nuestras narices ni a la vereda. Por esa época, el consumo online (venta de maquillajes, ropa, muebles) creció muchísimo. La realidad es que los seres humanos tomamos el consumo como un "premio". Consumir es como un mimo que nos hacemos. Y, al hacerlo, solemos decir frases como estas: "Voy a comprar esto porque me lo merezco", "Si el pantalón que me gusta es más caro de lo esperado, me lo compro igual, ya que trabajo mucho y me voy a premiar con algo", etc. Así somos. Entonces, claramente, podemos vender algo que no tenemos.

Si eliminamos nuestro juicio de valor, entendemos que no sabemos nada del otro y mucho menos sabemos su porqué para decidir comprar lo que está deseando (por ejemplo: su historia personal, donde sintió esa carencia; qué deseaba mucho de pequeño y no lo tuvo. Un ejemplo son los coleccionistas: algunos disparadores de obsesionarse con distintas colecciones se vinculan con deseos no obtenidos, como en el caso de las muñecas) podremos vender cualquier cosa, sabiendo que es el otro el que elige y decide en qué gastar su dinero.

Para pensar...

◊ Recuerda algún lugar en el que te sentiste especialmente atendido.

◊ ¿Qué rubro había en ese lugar y cuál fue la diferencia que marcó la atención en ti?

◊ ¿Qué consideras como un "mimo" con referencia al consumo en tu vida personal?

CAPÍTULO 5

VENTA ONLINE

Ya finalizando el 2020, en nuestro país se otorgaron algunos permisos para transitar y para realizar pequeñas reuniones sociales con sus respectivos cuidados, a fin de evitar los contagios del COVID. Y fue justamente a una de estas reuniones de *networking* a la que fui invitada. Comencemos por definir, entonces, el concepto de *networking*. Este es un encuentro social que permite crear o ampliar una red de contactos profesionales, así como la capacidad de mantener esas conexiones con el paso del tiempo, a fin de lograr ciertos beneficios. Estas reuniones suelen ser de mucha utilidad para empresarios y para emprendedores.

Pero, volviendo a aquel noviembre de 2020, recuerdo haber llegado a un importante restaurante de uno de los barrios más elegantes de Buenos Aires, en el que se encontraban importantes empresarios, por quienes fui convocada para hacerme ciertas preguntas con relación a sus propios negocios y a algunas dificultades que tenían, sobre todo en el área comercial. Recuerdo también que era un día muy caluroso. Al llegar al lugar, el encargado me acompañó amablemente a la terraza, donde estaban esperándome. Mientras subía las escaleras, el calor aumentaba, lo que me hacía sentir un poco incómoda. Además, ¡el aire acondicionado estaba apagado!, y no solo eso, sino que estaba prohibido estar en espacios cerrados por las razones obvias que todos conocemos.

En fin, algo acalorada por la alta temperatura y rogando que mi delineador no estuviera deslizándose por mis mejillas, saludé a cada uno de los caballeros. Sí, eran solo hombres. Luego tomé asiento en la única silla vacía que había, entendiendo que sería mi lugar. Al hacerlo, esto me hizo recordar mis inicios en la escuela, cuando mis compañeros buscaban integrarme por ser nueva.

Así fue cómo comenzamos…

"Bueno, acá estoy, cuéntenme".

El que estaba sentado a la cabecera de la mesa —claramente, era una especie de autoridad entre los presentes— comenzó a hablar. Agradeció mi presencia e hizo mención de las referencias que había recibido de mi persona. Para ser honesta, un discurso un poco mecánico… Aparentemente, el resto de los participantes esperaba sus palabras para comenzar a preguntar lo que estaban necesitando. De a poco la charla fue tornándose más agradable, con algunas connotaciones irónicas y risueñas, hasta que, en un momento, antes de dar por finalizado el encuentro, un señor ubicado muy cerca del robusto anfitrión asomó su mano, pidiendo permiso para hacerme una consulta.

Por su rostro percibí que había dudado bastante en concretar la pregunta. Le sonreí y le pedí: "Cuénteme". Con un tono de voz bajo, me contó que tenía un cargo jerárquico de una importante empresa de venta de paquetes turísticos online. Entonces, insistí: "¿Cómo puedo ayudarlo?". Continuó hablando, sumando algunos detalles más… A principio de ese año del comienzo de la pandemia, habían debido cancelar el 100% de paquetes turísticos y de pasajes (inmediatamente aclaró que la empresa se hizo cargo de casi el 80% de estos). Asimismo, habían utilizado distintas herramientas y canales de comunicación para resolverlo, como lo son las instalaciones de bots en las plataformas virtuales, e implementaron un sistema de automatización de respuestas telefónicas. Luego de haberlo escuchado, le sugerí si podía comentarme algo en concreto para ver si yo podía ayudarlo, a lo que me respondió:

—Mava, más allá de todo lo que hicimos, nos llenamos de cartas documento y de reclamos judiciales. Y cerró su frase con un "¡No entiendo a la gente!".

Conociendo su nombre, le respondí:

—Marcelo, el desenlace de tu comentario te da la respuesta. Tu "No entiendo a la gente" fue la causa de lo sucedido. Los seres humanos necesitamos comunicarnos con seres humanos. Esta necesidad no va a cambiar nunca, sobre todo cuando existe una emoción como lo son el enojo, la bronca, la impotencia en medio de una situación así. Sin duda, cada uno de tus clientes estaba atravesando estas emociones. Sin duda, tú no eras el causante totalmente de estas, ya que la coyuntura mundial nos estaba obligando a todos a cambiar y a renunciar a muchas cosas. Pero por un instante pensemos en ese cliente que ahorró el dinero y con mucha felicidad logró comprar un hermoso y soñado viaje para toda su familia. Su vida ahora se ve atravesada por la pandemia, y una enorme sensación de vértigo lo apabulla. Y, en el medio de todas esas emociones (en que ve anulado su viaje soñado), recibe un mail formal de la empresa, que le avisa de la cancelación. Rápidamente querrá comunicarse con la empresa, pero solo encuentra unos robots con respuestas automatizadas. A ese cliente no le importa que le hayas brindado una solución parcial o total; ¡ese señor necesita a un ser humano que lo escuche! —Entonces, volviendo a mirar una vez más a Marcelo, le pregunté—: ¿No se les ocurrió contratar un *call center* que atienda el teléfono para escuchar las necesidades de los clientes? —Por su rostro me di cuenta de que eso nunca había sido una opción. Para cerrar la conversación, le repetí una vez más—: Los seres humanos, en situaciones emocionales negativas, necesitamos seres humanos, y eso es maravilloso.

Un cliente enojado, si te escribe un mensaje donde te dice que está enojado, verdaderamente, no lo está. La persona enojada te va a buscar de manera personal, o te va a llamar por teléfono.

Volvamos al título de nuestro capítulo: "Venta online".

En estas líneas quiero referirme a la venta online no solo desde una plataforma como *e-commerce*, sino a cualquier tipo de venta disociada de la presencia, ya sea vender desde redes sociales, wasap o, simplemente, publicar nuestro producto en alguna plataforma conocida. Por eso comencé este capítulo dándote un ejemplo de lo que yo considero una de las columnas fundamentales de la venta online y es, justamente, la de resolución de conflictos.

Ahora bien, ¿cuál es la segunda?, la inmediatez. Con esto no estoy refiriéndome al "Lo quiero ya". Si un cliente quiere *ya* una licuadora, va a un local comercial y la compra en este instante. En varias oportunidades somos nosotros quienes no ponemos la soga al cuello por temor a no vender y, sin duda, sé que algunas plataformas no colaboran con mensajes como "Si lo compras antes de las diez a. m., tu pedido llega hoy". ¡Y que no se nos ocurra enviarlo por la mañana al día siguiente! Si eso sucede, el resultado será que, antes de estar abriendo el paquete de mi compra, le dejaría una sola estrella por "incumplimiento".

Pero ¿se merecían una sola estrella? ¿Fue del vendedor toda la responsabilidad? ¡Claro que no! Hay una cadena de responsabilidades que deben engranarse de manera perfecta para que esto suceda desde el momento que el cliente hizo clic en el preciado botón de *Comprar*.

Si consideras que tu pedido puede llegar entre las 24 h o las 48 h, avísalo en la plataforma. Es mejor determinar con cierta flexibilización cuánto puede tardar. Si el cliente quiere el producto, no dejará de comprártelo por un día más. Y, si la urgencia es real, ya sabemos lo que hará.

El manejo de quejas debe ser una excepción, y no una regla y, permanentemente, observo estos casos. Te aseguro que tus estrellas subirán porque, sin duda, la inmediatez es la segunda columna que sostiene la venta online.

Para pensar...

◊ Recuerda la última vez que te sentiste realmente enojado por un mal servicio. ¿Qué sucedió?

◊ ¿Cómo intentó la otra persona resolver la situación?

◊ ¿Qué hubieras hecho tú en su lugar? ¿Qué harías ahora?

CAPÍTULO 6

VENTAS POR WHATSAPP

Sin duda, hay un comentario expresado por cada uno de los clientes que se comunica con mi empresa y es el siguiente:

—Mava, mis vendedores necesitan más vocabulario.

En este caso no importa si es dicho "como al aire" o expresado con énfasis; en ambos casos, mi respuesta es siempre la misma:

—Aún no sé qué necesitan tus vendedores, pero sí sé lo que **no** necesitan, y es "más vocabulario".

¿Por qué lo sé? Es simple: el talón de Aquiles de nosotros, los vendedores, es que hablamos de más, y no de menos. Cuando nuestro cerebro está en una situación de estrés, lo que menos desea es silencio. Sin duda, el silencio es *la herramienta de persuasión por excelencia*. Cada vez que realizo una pausa en mi discurso, la expectativa que genero del otro lado se acrecienta. No importa el contenido de lo que digo: lo que importa es qué sucede luego de esa pausa. Este punto lo trabajo fuertemente cuando doy consultorías de oratoria.

Volvamos al estrés de nuestro cerebro… Sin duda, el desear profundamente que nuestro cliente nos diga que sí nos genera estrés. Conozco a la perfección mis diálogos internos repetidos por décadas: "Que me diga que sí, que me diga que sí", como si la insistencia interior lograra algo. Mi querido vendedor, lamento decirte que sucede lo contrario. Lamentablemente, y está comprobado, la ansiedad genera rechazo. Si esto no sucediera, los vendedores seríamos millonarios, ¿no es cierto? Nuestro cerebro está estresado por necesidad, ya sea económica o de logro; es decir, necesitamos sentirnos exitosos en lo que hacemos.

Es por esto que, ante el silencio de un cliente que se queda mirando lo que le estamos ofreciendo o que, simplemente, baja la vista como repasando lo que acaba de escuchar, rápidamente le decimos algo como "¿Qué calor hace, no?". Esto es suficiente como para poner en pausa la persuasión.

Cientos de veces escuchamos lo que hacemos mal pero, con saberlo, ¿cambiamos algo? Seguramente, intentas y te esfuerzas por evitarlo; entonces lo reemplazaré por otro modo… en fin, haré lo "que pueda". Por eso, querido vendedor, vamos con los "cómo".

¿Qué sucede con los canales de comunicación que manejan —como llamo yo— solo datos duros? Es decir, palabras que generan en el otro una emoción desconocida, de las que no sabemos cómo y cuándo las usa, y mucho menos a quién le recuerdan.

Te voy a contar algo que me sucede habitualmente: cuando les solicito a las empresas la información de *cómo* trabajan a fin de armar la capacitación a la medida que lo necesitan, me responden: "Tengamos una reunión". Sin embargo, no me estoy refiriendo a tener una reunión formal de recolección de datos como todos conocemos, sino a que me envíen todo por escrito. Tal vez te preguntarás el porqué. El hecho es que el dato duro suele diluirse y, si hablamos de manera presencial o virtual, la mitad de lo dicho desaparece para ambas partes. Por el contrario, al enviar la información pertinente por escrito o a través de audios, puedo escucharlos y leerlos varias veces. En las reuniones, aunque se tome nota, la mitad de la información queda diluida por distintos factores de distracción, y nada tendrá que ver con una reunión de ventas vinculada a productos o a servicios.

Seguramente, mi respuesta no les "suena" agradable; por eso, de manera casi inmediata les explico el porqué. Por todo esto es que solicito que me escriban y respondan cada una de mis preguntas. Por lo general, aceptan lo que les solicito y, posteriormente a esta comunicación, me envían la información requerida. Es allí donde observo un error frecuente, sin distinción ni magnitud de la empresa: suelen enviar, en estos tiempos, toda la comunicación personal y laboral en un mismo canal: wasap.

Tal vez te preguntes cuál sería el inconveniente… El hecho es que estás usando el mismo canal que usas para comunicarte con tu esposo para enviarle un audio: "Gordo, ¿qué comemos hoy?". Y así es cómo termina mezclándose en nuestro cerebro. Todo se solicita por wasap… desde una info ("Pásame el PDF, las planillas"), preguntando y repreguntando, con un deseo profundo que surge desde nuestro interior: "¡Que no nos claven el visto!".

Como verás, una vez más nos situamos en el cómo, al cual se le adhieren ciertas reglas. Algunas te gustarán, y otras no tanto. Pero solo te pido que confíes en cada una de mis explicaciones, ya que mi único objetivo es que tengas más resultados.

Veamos…

◊ *Regla 1*

A partir de ahora envía solo audios si previamente el cliente te envía uno antes. De esta manera, te "está transmitiendo" que le resulta *cómodo* el canal del audio. De la misma manera conocerás a aquellos a los que no les gusta recibir audios (es más: en su perfil suelen pedir: "No audios"). Como verás, una vez más, el punto no es nuestra comodidad en la comunicación, sino la de nuestro cliente.

◊ *Regla 2*

Al enviar un audio, ten presente que no debe durar más de un minuto. Un minuto es bastante tiempo, y puedes controlar su duración mientras hablas. Desde ya te resalto —por si pensabas habilidosamente eludir esta regla con alguna excusa— que el x2 (herramienta de velocidad audible) no cuenta, ya que, si quien está del otro lado posee preferentemente un sistema representacional auditivo, no podrá comprenderlo y, de esta manera, estaría obligado a escucharlo más de una vez.

Con relación a este último punto, quiero compartirte una anécdota: mi pareja posee un proceso de pensamiento auditivo[2] y, en varias oportunidades, escucho que los audios que recibe los oye en gran velocidad. ¿Qué sucede, entonces? Una vez finalizado, vuelve a escucharlo una y otra vez hasta comprender el mensaje. Al ver lo que hacía, le expliqué que esa herramienta no le era útil, sino que, por lo contrario, le hacía perder tiempo. Sin embargo, no tomó muy en serio mi consejo hasta que me escuchó decirlo en un taller, donde le pareció interesante dicha observación. Desde ese momento, y este es el punto, no volvió a utilizar la herramienta de velocidad.

◊ *Regla 3*

En el caso en que el audio tenga un "dato duro" (dirección, especificación técnica, precio, día, horario, etc.), debe estar también tipeado.

¿Te sucedió alguna vez que saliste de tu casa rumbo a algún encuentro y, cuando chequeas la dirección, encuentras decenas de audios que comienzas a escuchar uno a uno para localizar como un GPS en estado de desesperación para saber dónde debes ir? Como verás, el dato duro debe estar escrito debajo de este.

---

[2]Definición literal de la PNL al hacer referencia a cómo trabaja nuestro cerebro.

◊ *Regla 4*

"¡Adiós a los emojis!". En cada capacitación que menciono esto, comienzan los murmullos y la justificación de por qué lo hacen. En principio, para que no quede ninguna duda, les aviso que me refiero al wasap. Si la comunicación con tu cliente fuera por mail, como se hacía años atrás, no sabrías dónde se encuentra el botón de los emojis. Entonces, ¿por qué los usamos ahora? Una vez más, en nuestro cerebro, todo se mezcla, y este canal colabora a mostrar nuestra inseguridad en la comunicación, o culpa por vender algo que consideramos, desde nuestro modelo mental, que es caro.

En una capacitación, un participante con voz muy enérgica se puso de pie y me dijo: "No estoy de acuerdo: el emoji ablanda el mensaje", a lo que le respondí: "Entiendo tu reacción; lo que no entiendo es qué tipo de mensaje debes ablandar". Si tienes la enorme convicción de que lo mejor que le puede pasar al otro es confiar en tu empresa, en tu producto, en tu servicio, en ti mismo, ¿qué hay que ablandar? Por otra parte, este punto no es un dato menor. El emoji es una imagen; es decir, desconozco la interpretación que mi cliente le dará en ese momento. De esta manera, corres el riesgo de que, del otro lado, el otro piense: "Típico vendedor que se hace el simpático". Por eso es importante de nuestra parte no enviar también una "reacción", ya que esta herramienta —contraria a nuestra intención— suele resultar molesta. La reacción (como el dedo levantado), simplemente, le queda a nuestro cliente como un nuevo mensaje, donde lo obligamos a abrirlo para que deje de aparecer como "nuevo", tal como si fuera una bandeja de entrada del ya poco usado mail.

Ahora sí, despídete sin culpa de los emojis en lo referente a tu comunicación comercial, y verás que los resultados llegarán.

Otro punto para estudiar es la lista de difusión: no es una herramienta personalizada pero, sin duda, es una herramienta efectiva si sabemos utilizarla de manera correcta. De lo contrario, suele resultar invasivo que nos llenen de mensajes, avisos y promos que no hemos solicitado, lo que deviene en un bloqueo de dicho contacto. Ahora bien, si quieres comunicarte con tu cliente, hazlo de una manera personalizada. Usaremos lo que llamé "T I C"[3]. El recordatorio nos indica que, 25 minutos por día, haremos algo determinado. Esta nueva tarea es que le escribas este texto a cada uno de tus clientes, comenzando por los más nuevos hasta llegar a los clientes muy antiguos.

Por ejemplo:

*—Josefina, si **estás de acuerdo**, te agregamos a **nuestros contactos** para **pertenecer** a nuestra lista de difusión y, así, recibir **nueva** información/ingresos/ promociones/ oportunidades.*

Los seres humanos necesitamos pertenecer; es por esto que, al mencionar "nuestros contactos", le damos

---

[3] Time To Call: herramienta que utilizo para hacer un anclaje de recordatorio para concretar una actividad específica, captar clientes, hacer seguimientos, enviar mensajes, etc.

esa sensación de pertenecer a quien está del otro lado, para remarcar nuevamente, de manera literal, la palabra **"pertenecer"**.

Algunos te responderán dando su aprobación (es importante que, una vez que lo hagan, les informes que, para que les llegue esta lista de difusión, deben tenerlo registrado).

Antes de finalizar, voy a pedirte que no abuses de este canal: hazlo de manera esporádica, jugando quizás con fechas especiales, cambios de estaciones, oportunidades, etc. Ten en cuenta que no debes usar todos los canales de comunicación de manera desesperada para ver si, a través de algunos de estos, nos prestan atención; más bien, aprende a usar aquellos canales que son coherentes con lo que ofreces. Usando una comunicación simple y persuasiva, los resultados te sorprenderán.

Para pensar...

◊ ¿Cuál es el canal de comunicación que más utilizas y por qué?

◊ Anota qué distintas listas de difusión puedes armar para delinear objetivos, fechas, etc.

◊ Agenda cuándo enviarás las listas de difusión y el resultado numérico que esperas de esta acción. Puedes tomar como resultado la cantidad de personas que responden el mensaje.

CAPÍTULO 7

EMOCIONES QUE NOS PARALIZAN

Cuando los seres humanos decidimos comprar algo, no decimos: "Esto lo quiero", sino "Esto lo necesito". Por ende, no importa la cantidad de jeans que tengas en el placard: si quieres comprarte uno nuevo, dirás: "Necesito comprarme un jean". Es desde allí donde yo comprendo que el mundo de la venta significa despertar la necesidad en el otro, ya que, si esta necesidad se despertó, aunque no tengamos el dinero para hacerlo, lo pediremos prestado o pediremos que se nos adelante el regalo del cumpleaños, o bien solicitaremos un préstamo. Así somos los seres humanos.

Entonces, me dirijo rumbo al local de ropa. Ingreso al probador y, una vez que me puse la prenda, abro la puerta y le pregunto a la vendedora con elocuencia:

—¿Cómo me queda?

—Divino —me dirá.

Esa sensación positiva de elogio me dura solo un segundo, ya que inmediatamente aparecerá una frase interna que nos cuestiona: "¿Y qué te va a decir si es la vendedora?". ¿Te parece conocida esta situación? El hecho es que no nos gusta que nos vendan. Nos gusta comprar pero, insisto, no nos gusta que nos vendan. Por eso *el arte de vender es hacerlo sin que se note.* Es por esto que soy tan meticulosa con lo que decimos, qué canal de comunicación utilizaremos, y en qué momento hacerlo influirá en la aceptación o rechazo de parte del cliente.

Ahora bien: hasta acá me referí al cliente. De igual manera haré hincapié en esta instancia del lado del vendedor, que también realiza lecturas anticipadas. En las capacitaciones o en los talleres, abundan frases como estas:

—Yo sé leer al cliente.

—¿Y qué implica leer al cliente? —les pregunto.

—Por la cara que tiene, sé si va a comprar o no.

—Ah, entonces, tu leer al cliente tiene un riesgo muy alto.

Veamos este ejemplo: una mujer se entera recientemente de que está embarazada. Al salir a dar un paseo para distraerse de sus lógicos malestares, no puede creer la cantidad de mujeres de las que observa que están en su mismo estado. Luego compra una revista de chimentos y nota la cantidad de mujeres de la farándula embarazadas y piensa: "¡Qué casualidad!". Veamos otro ejemplo… Decido cambiar el auto. Gracias a Google y a todos los detalles que me brinda, ya sé la marca, el modelo, el color, y hasta me imagino feliz conduciéndolo. También decido salir a caminar, y de repente lo veo una y otra vez. Rápidamente pienso: "Es una señal".

En ninguno de los dos ejemplos hubo ni una señal ni nada energético; simplemente, nuestro sistema activador reticular está funcionando de manera correcta. Este filtro protector que tiene nuestro cerebro nos hace ver la vida como la vemos. Pero la buena noticia es que nuestro SAR[4] es direccionable.

Por ejemplo, si un día nos levantamos poco optimistas y de mal humor, seguramente, al salir a la calle, nos llamará la atención cada persona que tropiece con nosotros cada bocinazo que escuchemos. De lo contrario, si nos levantamos con buena energía y optimistas, todo nos provocará alegría, plenitud, etc. ¿Qué quiero decir con esto?, algo fundamental para el mundo de la venta. Si tú "lees" que ese cliente que ingresa te comprará, entonces, tu SAR, te estará direccionando a que esto suceda. Por el contrario, si "lees" que no hará la compra, sucederá lo contrario.

Entonces, vemos que el primer paso de persuasión es entender que "no sé nada del otro"; no importa si a esa persona ya la conoces. En general, te hace muchas preguntas y no compra; revuelve toda tu mercadería con el mismo resultado. No la conoces, así como tampoco te reconoces a ti mismo cada día. Entonces, maneja conscientemente tu SAR, y tus resultados mejorarán mucho más.

Pero regresemos al título de este capítulo: "Emociones que nos paralizan". Hagamos hincapié en las emociones que paralizan al cliente. Instintivamente, cuando esto nos

---

4 Sistema Activador Reticular

sucede, deseamos correr a nuestra casa, encerrarnos en nuestra habitación para meternos en la cama y taparnos hasta la cabeza.

Ahora bien, somos criados y educados en que esto no es lo que se debe hacer, sino sostener nuestra emoción y hacer algo correcto. Una emoción que nos paraliza es **la vergüenza.** Cuando nos dicen o escuchamos algo que nos provoca vergüenza, queremos salir corriendo e inclusive, muchas veces, nuestro cuerpo nos delata: nuestras mejillas se sonrojan o palidecemos. No obstante, ¿qué hacemos cuando esto sucede? Exteriormente, nada. Pero, internamente, nuestro cerebro se pone en off; es decir, deja de escuchar, de prestar atención. Es por esto que me resulta tan importante hablarte de este punto. Porque, cuando tu cliente pone cara "como si se hubiera acordado de algo" y deja de escucharte, ya sabes cómo termina todo este relato: con un simple "Gracias; cualquier cosa, te aviso". Sin dudas, esta es la peor expresión que pueden escuchar los vendedores.

Por el 2001 vendía seguros de vida en dólares, y vivía en Ushuaia. Me gustaba consumir un batido nutricional que me aportaba energía y me permitía mantenerme en forma. Sin embargo, al hablar de estos, muchos me preguntaban si los vendía. El hecho era que yo no vendía los batidos: solo los consumía, pero soy vendedora, y esta raza extraña hace que no paremos de vender cualquier cosa que veamos o usemos. No los vendía de manera profesional pero, al referirme a estos, cuando somos vendedores, solemos exagerar en nuestra actitud ante una buena experiencia, aunque no lucremos con eso.

¿Te pasó de estar sentado cómodamente en un cine, del brazo de tu pareja pasando un momento agradable y viendo una película que resulta ser mejor de lo esperado y, con una mano tomas la de tu pareja y con la otra tipeas en el celular a tu grupo de amigos algo como "No se pueden perder la película que estoy viendo"? Seguramente, a ti también te pase.

Asistimos a una fiesta y estamos a la "pesca"; buscamos quién puede ser un nuevo cliente, a quién podemos transmitirle un simple mensaje como "El lunes hablamos", con aire de "Por supuesto, no me interesa hacerlo ahora que estamos en una fiesta". ¡Y cuántos ejemplos más como estos! Observa esta anécdota que me sucedió a mí…

Recuerdo cómo cada fin de semana iba al supermercado de la ciudad a realizar la compra semanal. En una oportunidad, una mujer se me acercó a preguntarme por un producto que estaba poniendo en mi carrito de compras. La observo y veo una hermosa mujer, con una sonrisa brillante que, tranquilamente, podría ser protagonista de una publicidad de pasta dental. Y, cuando mi mirada baja a su cuerpo, observo, desde mi modelo mental, que ella tendría un sobrepeso de unos treinta kilos. Espontáneamente, me salió decirle: "¿Sabes?, conozco unos productos que te cambiarán la vida". Y, sin prestarle atención a su asombro, comencé a describirle rápidamente los beneficios de ese producto, como si la mismísima marca me hubiera abonado cada segundo como canje publicitario. Minutos después, la mujer desapareció sin decirme ni una sola palabra. Pero aquí no termina la historia. Como sabrás, Ushuaia es una ciudad con una población relativamente pequeña; es decir, no es raro encontrarnos con los vecinos por la calle. Así es cómo, caminando, veo a la señora de la góndola con mi compañero de trabajo, dándose un abrazo. Cuando noto que la mujer se retira, me acerco a él, y le pregunto si la conoce, y me cuenta que hicieron el colegio juntos y que hacía algunos años que no se veían, porque ella había estado internada en un centro en Buenos Aires, donde logró adelgazar unos sesenta kilos. No puedes imaginarte cómo comencé a transpirar de incomodidad. Yo misma sentí en carne propia lo que sucede cuando una emoción te paraliza. Esa mujer sintió vergüenza; su cerebro dejó de escuchar y, en cuanto tuvo la posibilidad, huyó.

Ten presente, por ejemplo, que, si trabajas en algún local de ropa o de venta de cosméticos, nunca hagas comentarios desde tu modelo mental. Si tu cliente no te menciona que necesita algo para las arrugas, nunca se lo menciones, aunque consideres que podría ser el producto indicado. Si tu cliente se prueba un jean y se siente a gusto, no acotes: "Te quedaría mejor un talle más".

En este punto, nada tiene que ver con nuestra opinión, y mucho menos con nuestros modelos mentales, sino con lo que siente y desea el cliente. Cuando somos capaces de eliminar nuestros juicios de valor, el resultado crece.

Al dar este mismo ejemplo, en un taller de ventas, una mujer, con voz enérgica, dijo: "Pero, si le queda mal lo que se está probando, ¿no se lo digo?". En este punto vale que nos preguntemos:

- ¿Qué significa que le queda feo?
- ¿Qué mirada pongo en el otro?
- ¿Por qué mi observación debe ser la correcta?

Como verás, hay mucho para aprender del mundo de las ventas. Necesitamos tener presente el vocabulario que usaremos con nuestros clientes: claro y fácil, ya que hay rubros que tienen un léxico específico que los clientes no tienen por qué saber.

Y va un último consejo: no le pidas conocer al cliente el presupuesto que tiene para gastar. Le genera incomodidad cada vez que escucha:

- "¿Cuál es tu presupuesto?",
- "¿Cuánto piensas gastar?",
- "¿Qué dinero dispones para esto?".

Tener o no dinero también nos despierta un juicio de valor, un diálogo interno que nos dice: "¿Valgo o no valgo?". Esta sensación, como consecuencia, también nos genera una emoción paralizante.

En el siguiente capítulo veremos cómo haremos para que sea el cliente quien nos diga su presupuesto sin que tengamos que preguntárselo.

Para pensar...

◊ ¿Recuerdas alguna situación donde sentiste que hablaste de más ante un cliente?

◊ ¿Qué te respondió? ¿Por qué sentiste incomodidad? ¿En qué momento fue?

◊ Recuerda alguna situación donde sentiste que debías dejar de hablar y lo hiciste. ¿Cómo te sentiste? ¿Dónde estaba tu atención en la comunicación?

CAPÍTULO 8

VENTA EN LOCALES

En este capítulo trabajaremos cómo implementar distintas técnicas posibles para la venta de tus productos, dentro del ámbito de un local amplio. Veamos este ejemplo: supongamos que el local vende materiales para la construcción y artículos del hogar. Todo lo que puedas imaginar que se necesita para construir una casa, desde un ladrillo hasta un grifo, estará ahí.

Ahora, imaginemos que entramos juntos al local. Sientes el fuerte y fresco olor a construcción apenas entras. Recorremos el local, y lo primero que observamos es que este es muy grande: cuenta con algo más de ochenta metros.

También notamos a varias personas esperando ser atendidas mientras un señor pregunta quién es el último para que, de esta manera, movamos nuestra cabeza con la intención de entretenernos observando la mercadería que se encuentra a lo lejos.

Al llegar nuestro turno, el vendedor nos atiende con un simple: "Hola, ¿qué necesitan?". Y, elevando nuestra voz —dado que el volumen de la música está muy alto—, le decimos: "Estoy buscando porcelanato símil madera para los pisos de mi casa". "Acompáñeme —pide el vendedor. Y nos señala con su mano la mercadería para que la observemos. Le comentamos que no sabemos bien qué elegir, a lo que nos responde—: Este es muy bueno y barato".

Y así fue cómo elegimos con relación a su consejo. Una vez terminada la elección, extiende su brazo como si generara un trayecto imaginario, ordenando que vayamos directo a la caja a abonar. El hecho fue que fuimos a buscar porcelanato, y nos volvimos con porcelanato. Ni más, ni menos.

Sin duda alguna, ¿te resuena este escenario? Ahora te propongo colocar nuestra mirada en el local. Es decir, el cliente ingresó, buscó lo que necesitaba, y se fue.

Ahora veamos **cómo** hacer para que esto no ocurra…

Si tu local es amplio, es importante usar un sistema de números, para que, cuando el cliente ya tenga el suyo, pueda desplazarse por el local hasta ser llamado. Este primer punto es muy importante, ya que, al recorrerlo, comenzará a detectar nuevas necesidades acerca de las que, sin duda, cuando el vendedor se acerque, lo consultará. Otros factores a tener en cuenta son los siguientes:

Ambiente: Es ideal que tengas música funcional en un volumen que no nos obligue a elevar el tono de voz para ser entendidos. Es decir, el objetivo de la música debería ser solamente **tapar el silencio.**

Atención: Cuando recibas al cliente, dile: "Buen día, soy Mava, cuéntame, ¿en qué puedo ayudarte?".

Probablemente, al presentarnos, el cliente también lo haga. Como verás, utilicé una palabra muy importante desde la lingüística, la más persuasiva: "Cuéntame…". Cada vez que alguien nos dice: "Cuéntame", se está mostrando interesado en lo que tenemos para decir, y esto sí es una atención personalizada. De esta manera, el cliente abrirá su discurso ampliamente y se explayará si, sobre todo, su proceso de pensamiento es auditivo. Es decir, comenzará hablando sobre su casa, en qué proceso está, qué miedos tiene, todo lo que le pasó hasta por fin llegar a tu local. De esta manera, a esta altura, tendrás mucha información y esto es lo más importante: saber qué necesita y qué va a necesitar que ni él mismo descubrió todavía.

Sigamos con el mismo ejemplo del porcelanato…

Al momento de presentarle la mercadería, le solicitas que te acompañe al sector de los más costosos. Recuerda que no indagarás sobre su presupuesto: es el cliente quien nos marcará cuál es cuando usemos la siguiente técnica: le presentamos el más costoso, lo mira, lo toca y nos pregunta: "¿Cuánto cuesta?". Y le respondemos: "Cuesta diez". Frente a nuestra respuesta, puede ser que directamente lo elija o diga algo como "Es muy caro, ¿qué tienes por ocho?". De esta manera, te estará dando su presupuesto sin que se lo consultes. Otro escenario es que, simplemente, te diga que es caro. Entonces, si esto sucede, te recomiendo que, directamente, le muestres una opción más económica. Lo mirará y te dirá:

—Y este, ¿cuánto cuesta?

—Este cuesta cinco.

—Y por ocho, ¿qué tienes?

¿Observaste lo que sucedió? Finalmente, también te dio su presupuesto. ¿Podrá ser que elija la que cuesta cinco? Sí, claro, pero te aseguro que te sorprenderás por la cantidad de clientes que optarán por lo más caro, por lo primero que le muestras, le sugieres. Si, al verlo, sentirlo e imaginarlo en su casa, se le despierta la necesidad, si no tiene el dinero, buscará la manera de obtenerlo, solicitándote flexibilización en el pago, pidiendo un crédito o, simplemente, pidiendo el dinero prestado.

Ten en cuenta que es **el cliente quien compra desde su bolsillo, y no somos nosotros quienes le vendemos desde el nuestro.**

Continuemos con el recorrido. Ya eligió el porcelanato; entonces, cuando le damos la cantidad total (ya que, claramente, una sola pieza no va a llevar), le decimos: "Perfecto, el porcelanato, más la pastina, más las varillas tienen un valor de x pesos". ¿Qué hicimos allí? Usamos la técnica del *chek list.* Es decir, sabemos que, para que el piso quede bien colocado, necesitaremos pastina, varilla, y es entonces cuando damos por sentado que no lo tiene y lo necesita. Deja que sea el cliente quien te diga algo así como "No, no es necesario, porque ya tengo". (Te aseguro que muy pocas veces esto sucede).

Hasta aquí hemos visto tres técnicas que puedes usar desde que el cliente entró al local:

1) Números.

2) Precio.

3) *Check list.*

Y, por último, usaremos la famosa técnica de la venta cruzada. Veamos… Nuestro cliente (porque nos lo contó al principio) está construyendo su casa, en la primera etapa. Entonces, cuando le vendimos lo que nos pidió, podemos preguntarle:

—¿Qué tipo de grifería compró para el baño?

Tal vez te responda:

—Aún no la compré, ¿ustedes cuáles tienen?

Es decir, la venta cruzada es una venta que no tiene que ver con el primer pedido, sino con ofrecer algo de otra área.

También puedes preguntarle por la cocina: "¿Qué muebles utilizará para la cocina?".

Aquí quiero detenerme y resaltarte que, esta vez, elegí un rubro diferente al de la construcción, pero tú, seguramente, ya lo estarás adaptando al tuyo (ropa, maquillaje, cremas, muebles, spa, etc.). Algunos de estos pasos, o todos, sin duda pueden adaptarse a tu rubro.

Otras consultas que suelen hacerme son las siguientes:

- ¿Cuándo debo volver a contactar al cliente?

- ¿Cuándo le escribo al que me pidió un presupuesto?

- ¿Qué hago cuando me doy cuenta de que vio el mensaje, pero no me respondió?

Sabemos que, desde wasap, las dos tildes azules indican que vio mi mensaje; lo que no sabemos es si lo leyó. Es decir, lo abrió y, quizás, decidió leerlo más tarde. Como vimos anteriormente, al ser este un medio tan usado para las distintas áreas de nuestra vida, en algún punto recibimos demasiada cantidad de estos y puede suceder que tu mensaje haya "quedado en la cola". Para esto, siempre recomiendo que envíes un mensaje por la mañana, y por la tarde, simplemente, le escribas: "Hola, Nicolás". De esta manera, su mirada subirá a leer tu mensaje tipeado a primeras horas de la jornada.

Ahora, vamos **al recontactar**.

Si enviaste el presupuesto o tuviste una entrevista, te recomiendo que lo vuelvas a llamar en dos días. "Hola, Nicolás, consulta, ¿pudiste ver nuestra propuesta?". Solo eso: corto y simple. Si decidimos recontactar a viejos clientes, puedes escribirle: "Nicolás, hace un tiempo/la semana pasada estuvimos viendo la posibilidad de… ¿te parece que retomemos el tema?". En este mensaje, ten presente no dejar explícito cuándo fue la entrevista o la fecha del envío de la información, para no dar la sensación de que un sistema nos ordena "perseguir" al cliente. A partir de ahora, y veinticinco minutos por día, hazlo[5].

Ahora, antes de finalizar este capítulo, quiero hacer referencia a un dato no menor: este es un rubro, como pueden

---

[4] La técnica consta en no parar durante veinticinco minutos, con el objetivo de ser metódicos en aquellas tareas que suelen hacerse de una manera desprolija.

serlo tantos otros, en el que constantemente aparecen oportunidades nuevas, nuevos modelos, diseños, etc. Entonces, va un consejo: "Que Google no te gane". Ya sabemos que el cliente abre el famoso buscador y encuentra allí todo lo que desea comprar. Por eso es importante que estudies lo que ofreces, sobre todo cuando se trata de un artículo que difiere en precio de otros similares. Pregúntate: "¿Por qué tiene ese precio?, ¿a quiénes les resulta atractivo?, ¿quién lo puede necesitar?". El mundo de la venta requiere mucho estudio; de lo contrario, corremos el riesgo de vender solo lo que conocemos o, mejor dicho, comprar desde nuestro modelo mental. Este debe ser un nuevo desafío: estudia tu mercadería, párate desde ese lugar, toma con responsabilidad cuidar la inversión de tu cliente y, una vez más, te aseguro que tu resultado va a cambiar.

Para pensar...

◊ Sin pensar en el tamaño de tu local, ¿qué técnicas de las vistas hasta aquí podrías utilizar?

◊ ¿Qué técnicas propias ya utilizas para vender más?

◊ ¿Venderías algo que tú no comprarías?

ENTREVISTAS VIRTUALES

Me encontraba en mi casa aquel caluroso marzo del 2020. Ya el temor al coronavirus se afianzaba con fuerza, y la determinación de las autoridades nacionales era decretar una cuarentena. En ese momento, ni de manera imaginaria hubiera dicho que esta duraría tantos meses. Todo lo contrario: yo consideraba que, probablemente, volveríamos a lo que llamamos "normalidad" en tan solo unas semanas.

En ese mismo mes, desde un medio de prensa, me llamaron para entrevistarme, para hablar sobre mis servicios y dar algún consejo a los oyentes sobre el mundo de la venta.

El periodista, ya finalizando, me preguntó:

—Mava, ¿qué opinas sobre el trabajo virtual? Me refiero a dar capacitaciones de manera virtual.

De manera muy segura le respondí:

—No, yo trabajo de manera presencial; lo mío es estar directamente con la gente. Volveré a dar capacitaciones cuando podamos volver a encontrarnos.

Sí, ya sé. Y lo que estás pensando ahora es que yo, en tan solo unas semanas posteriores a mi rígida respuesta, también lo pensé. En tan solo unas semanas ya estaba contratando un sistema virtual que me permitiera dar capacitaciones de manera ilimitada.

Unos cuantos meses más tarde, este mismo periodista me preguntó con tono irónico:

—¿No era que lo tuyo era solo presencial?

Le respondí:

—Eso dije, pero ¿viste cómo aprendo?

Ahora volvimos a la "normalidad", pero ¡a una nueva normalidad! Hoy, el entender que por medio de una videollamada no existen fronteras, o que nuestro trabajo puede también realizarse de manera remota es maravilloso. Cuando me preguntan:

—Mava, ¿qué es mejor?, ¿de manera virtual o presencial?

Yo les digo:

—No te voy a responder qué es mejor, porque ambas sirven. No quiero que confundamos el canal de comunicación asertivo con lo que nos gusta.

Por supuesto, lo que más me gusta es el contacto presencial en las capacitaciones, caminar entre la gente, interceptarlos con algún comentario y trabajar durante cinco horas. En cambio, al encender mi reunión virtual, el encuentro no debe durar más de dos horas, ya que la atención ante una pantalla se diluye, lo que obliga a que una capacitación mía se desglose en dos partes.

La virtualidad sirve, pero con algunos recaudos.

Y de esto voy a hablar en este capítulo. Si realizas entrevistas virtuales, necesitas tener algunos puntos presentes. Comencemos:

Primero, no dar por sentado que el cliente maneja la plataforma; proponle conectarse cinco minutos antes para controlar imagen y sonido. Si coordinaste la reunión a las 17:00 y ambos se conectan en ese horario, al tener inconvenientes técnicos, puede generarse la sensación de estar perdiendo el tiempo. Es por esto que te recomiendo que le solicites unos minutos de encuadre para resolver lo que sea necesario.

Contenido y continente

"Contenido" es lo que digo, y "continente" es todo lo que se ve a mi alrededor: mi peinado, mi vestimenta, el entorno, etc. En cuanto a los colores de la vestimenta, quiero hacerte un comentario. Me suelen preguntar por qué me visto de negro. El negro es un color que el cerebro "no ve"; entonces, su atención va a lo que no es negro (es decir, en mi caso, la atención va hacia mi cara y hacia mis manos). Si, por el contrario, me vistiera de rojo (el color más llamativo para el cerebro), nadie miraría mi cara, y la distracción estaría en mi vestimenta. ¿Estoy aconsejando vestirse de negro?, ¡claro que no! Porque, si el encuentro con el cliente te encuentra en un día en que te sientes inseguro, no te recomiendo que juegues con el negro, ya que tu cliente no sacará la vista de tus ojos. A su vez, tengamos en cuenta estos conceptos:

Así es la comunicación:

No hay algo que esté bien o algo que esté mal. El tema es saber decirlo con nuestras palabras y con nuestra vestimenta en el momento y canal de comunicación adecuados.

Fondos de pantalla

No los uses (es mi consejo). Para que tu fondo de pantalla se vea perfecto y no distraiga detrás, deberías tener un croma. Quizás tienes uno, no lo sé, pero, sin duda, no es lo más habitual. Si no tienes esta costosa "tela televisiva", tu imagen, cuando te muevas, se va a desdibujar, lo cual causa gracia.

Filtros

Los filtros también son peligrosos. Me sucedió hace varios meses de estar en comunicación de manera virtual con una clienta que tenía instalado el filtro de maquillaje.

Cada vez que movía su rostro, el filtro no acompañaba sus movimientos; entonces, en la pantalla, yo veía su cara y, a unos centímetros, al costado, unos delineados labios. Debo confesarte que me daba gracia; no pude concentrarme en nuestro diálogo en ningún momento.

Compartir pantalla

Es importante que, antes de hacerlo, tengas un ida y vuelta en la comunicación. Una vez finalizada la entrevista, puedes decirle: "Ahora voy a compartir pantalla para mostrarte la propuesta".

Chats

El chat, en una reunión virtual, es un enorme factor de distracción. Siempre lo digo: ¡Una reunión virtual no es un vivo de Instagram! Esto aplica sobre todo cuando debes comunicarte con varias personas. El máximo cupo en una capacitación virtual que di era de 500 personas; no tenía chat y nos manejamos perfectamente con la interacción entre todos.

Y dejo para el final la preocupación mayor:

La cámara apagada

En este punto vas a tener que utilizar la técnica de neutralizar puntos grises, que ya vimos en el libro anterior. Usar "Por supuesto" antes de proponer algo. Por ejemplo: "Nicolás, por supuesto, nuestra reunión es con cámara encendida". De esta manera estamos dando por lógico que estar con cámara encendida es lo que debería ser y Nicolás, si no puede encenderla, nos explicará por qué. Entiendo que la virtualidad no es el canal que más se está utilizando para el encuentro con nuestros clientes, pero no lo desestimes, sino todo lo contrario: céntrate en lo más relevante.

Sin importar dónde nos encontremos, con un clic estamos uno frente al otro, y eso también es persuadir.

Para pensar...

◊ ¿Realizas entrevistas virtuales?

◊ ¿Qué indicaciones de este capítulo resuenan en tu mente cómodamente?

◊ ¿Cuáles, en cambio, te generan incomodidad? ¿Por qué?

CAPÍTULO 10

¿ERES LÍDER?

Quiero resaltar que, en un solo capítulo, no puedo brindarte una formación de líderes. Solo quiero dejarte algunas ideas y conceptos para que reflexiones por tu equipo y por ti mismo.

Antes de cumplirse la primera década del segundo milenio, me encontraba trabajando para una empresa muy importante y reconocida de manera internacional. Mi rol era ser líder de un equipo de ventas y también, de manera permanente, reclutar nuevos ingresantes.

En tan solo dos meses, los resultados de mi equipo sobresalieron, y fue justo en esa época cuando los gerentes de la sucursal decidieron hacer una reunión en el auditorio. En un momento de la charla en que ellos se encontraban brindando, abrieron en la pantalla un Excel, donde se marcaban los resultados de cada equipo. Aquellos que habían cumplido el objetivo se encontraban en color azul; los que no lo habían alcanzado, en rojo; y los que lo habían superado, en verde. Y era en este último color donde me encontraba yo: con mi nombre en verde.

No podía dejar de mirar mi nombre en ese color y sentir un cosquilleo de alegría, que se acentuó aún más cuando solicitaron que me pusiera de pie para que todos aplaudieran mi logro. Recuerdo sentir como un temblor en mi cuerpo, una mezcla de vergüenza y felicidad. Una sensación tan satisfactoria que, te imaginarás, desearía volver a vivir. Continué con mucho esfuerzo y entusiasmo las semanas siguientes, hasta que, un día, llegó el simple cumplimiento del objetivo como resultado mensual, para, después, no llegar al cumplimiento. Este proceso es sumamente lógico en un equipo. Entonces, ¿qué hice?, empecé a vender, para cubrir el resultado de mi equipo. Dejé de lado los acompañamientos a las entrevistas para apuntalar a cada uno, como venía haciendo, para hacerlas yo misma. Claramente, lo único que me interesaba era el resultado y, de esta manera, volvimos a estar donde yo deseaba estar. Por supuesto, sentía que era correcto lo que estaba haciendo; que me estaba esforzando, y mucho, por mi equipo. Sin embargo, no era así: yo me estaba esforzando por sostener mi ego. Y es aquí donde aparece el punto de equilibrio entre el resultado y entender cuál es mi real objetivo.

Ser líder no es trabajar individualmente por el resultado. Ser líder es hacer que otros hagan y, de esta manera, llegar al resultado.

El equilibrio emocional en el líder lo es todo porque, seguramente, tiene un equipo que (entre muchas otras situaciones posibles)…

- Quizás no se siente cómodo con todos.
- Seguramente, no le gusta cómo se expresa alguno o cómo huele.
- Otro participante es el factor de distracción.
- No falta el que demuestra que trabaja pero, en realidad, no lo hace.
- Alguno es el vendedor estrella.

En fin, la sociedad misma… de eso se trata ser parte de un equipo comercial. Y ahí se encuentra uno, entendiendo qué se debe hacer para sacar lo mejor de cada uno. A colación de este tema, te comparto esta experiencia que viví…

Hace un par de años me contrató una empresa que tenía un equipo de 25 personas que realizaba venta telefónica. En un momento de la reunión, su dueño, Marcelo, me describió al equipo:

—Mira, Mava, de los veinticinco, cinco son vendedores estrella y diez le ponen esfuerzo, ¡el resto no sirve!

—Los que "no sirven", ¿qué hacen?

—Bueno, Pablo es muy buena onda; siempre hace chistes y la verdad es que, cuando no está, se nota. Después está Susi, que es la "psicóloga" del equipo. En el horario del almuerzo, escucha a cada uno, sus problemas, sus preocupaciones y los acompaña. Rodrigo es el que organiza cada *after office* para que continúe el lazo entre ellos. Y los otros son ciclotímicos en el resultado: tienen meses en que les va bien y en otros que no. Sinceramente, estoy pensando solo quedarme con los quince buenos y echar al resto.

Inmediatamente reaccioné:

—Si haces eso, en dos meses me vas a contar los mismos personajes en un equipo de quince personas.

¡Así somos los seres humanos! Nos adaptamos a los diferentes grupos y ejercemos los roles que se necesitan. Fui varias veces testigo de grandes éxitos de equipos porque tenían a los "personajes" necesarios que, simplemente, le daban ganas al resto de ir a trabajar.

Ahora, hagámonos las siguientes preguntas:

- ¿Cómo es tu equipo?
- ¿Qué aporta cada uno?
- ¿Qué necesita cada uno para darte algo más de resultado?

Y, hablando de resultados, no puedo dejar de aconsejarte que los incentivos o premios siempre sean escalonados. De nada sirve que al que mejor le vaya en el semestre se gane un viaje a la playa, ya que todos sabemos que el vendedor estrella, con lo que hace, lo tiene ganado, y el resto, entonces, no pondría más esfuerzo al saber quién será el victorioso del semestre. Los bonos deben ser estimulantes para todos.

Va un ejemplo:

- Si vendiste 5, ganas x.

- Si vendiste 10, ganas x.

- Si vendiste 20, ganas x.

- Si vendiste 80, ganas x.

Al vendedor estrella tiéntalo con un bono muy alto y, de esta manera, tú mismo vas a ver a un equipo con un objetivo claro y alcanzable para cada uno. Recuerda que la orientación al logro es una competencia no capacitable y que sí o sí debe estar en cada uno de los vendedores. En el siguiente capítulo veremos el tema de la selección de personal y hablaremos de esta competencia, y otras.

La última herramienta que quiero mencionar en este capítulo es aquella que sirve para llamar la atención a alguien del equipo que no está haciendo lo que corresponde. A esta altura de la lectura, ya sabes que me gustan los ejemplos concretos; entonces, vamos por uno de estos:

Natalia forma parte de tu equipo; ella es una joven simpática, educada, bien predispuesta. Sin embargo, te está generando "ruido" en el equipo, ya que estas últimas semanas llega tarde, e incumple los horarios acordados. Entonces, ya cansado de su irresponsabilidad y sintiendo algo de impotencia al haber dejado de hacer efecto su agradable sonrisa, decides llamarle la atención.

Un día, Natalia llega tarde, y le dices delante de algunos compañeros: "¡Natalia, otra vez tarde! Ya te lo dije varias veces: nuestro horario de ingreso es a las nueve, y tú nunca entras antes de las nueve y media. ¿Cómo podemos resolver esto?". Natalia, instintivamente, se siente atacada. Entonces, claro está, reacciona a la defensiva. Y comienza a enumerar situaciones compensatorias que realiza a diario como un modo de justificar su demora. Dice: "¡Yo soy la que se queda hasta cualquier horario; soy la que atiende los clientes que el resto no quiere!". Esta excusa la protege y le saca, sin duda alguna, la culpa.

¿Te parece conocido este escenario? Como suelo decir, cuando somos traccionados por el juicio de valor hacia el otro o nos sentimos atacados (y, peor aun, tocados nuestros egos), todos pierden.

Vayamos ahora con la herramienta que transmito para estos casos en los cursos de liderazgo que brindo:

Natalia llega tarde. Entonces, te acercas a ella sin presencia de testigos, y le dices:

—Natalia, hoy a las cuatro, ¿puedes venir a mi oficina y conversamos?

—¿Por qué tema es?

Esto te lo va a preguntar de manera inmediata para saber si tiene que asustarse previamente o no.

—Lo hablamos personalmente.

—¿Pero es algo grave?

—Natalia, no te preocupes: lo hablamos personalmente.

Con tu última frase, aunque le hayas aclarado que no se preocupe, lo va a hacer y, en cierta medida, esa es la intención.

Cuando llega el horario pactado y ya ambos estamos ubicados en la oficina, le dices:

"Natalia, nuestro horario es a las nueve; este horario es importante respetarlo por todo lo que ya hablamos en las reuniones grupales. Cuéntame en qué puedo ayudarte".

¿Qué hiciste? En principio, un repaso de un acuerdo previo; antes utilizaste el encuadre de tiempo que la preparó para reflexionar sobre qué estaría pasando y entender que su actitud estaba en falta.

Y, si al finalizar le dices: "Cuéntame en que puedo ayudarte", le estás dejando en claro que no lo está haciendo, pero que también entiendes que hay alguna razón que justifica lo sucedido en reiteradas oportunidades. Lo que sucederá a continuación es que Natalia te contará lo que realmente le sucede por su incumplimiento sin ninguna excusa. Quizás tiene alguna situación familiar, o algún inconveniente con el transporte público o algo concreto (eso es lo importante). Pero lo que sí te aseguro es que va a hacer un enorme esfuerzo para que no vuelva a suceder. Con esta manera de proceder, Natalia no se sintió atacada ni cuestionada: esto es fundamental.

Cuando somos líderes, no importa quién tiene razón, sino que importa el resultado. Como ya lo dije antes, la función y objetivo del líder es hacer que el otro haga; es traccionar su resultado. Ni más ni menos.

Para pensar...

◊ ¿Cómo te sientes en tu rol de líder?

◊ ¿Qué herramientas aplicas para corregir alguna actitud negativa o inadecuada de tu equipo?

◊ Descríbeme tu equipo y los incentivos con los que los animas.

CAPÍTULO 11

SELECCIÓN DE PERSONAL

Cuando conformamos un equipo de ventas, o abrimos nuestro local, tomamos a alguien que nos ayude en lo comercial o, simplemente, entrevistamos para el puesto de secretaria del consultorio, tenemos un gran deseo: que la persona sea amable, dispuesta, atenta y, sobre todo, muy capaz para llevar adelante cada una de las tareas y resultados requeridos. Entonces, nos encontramos con la persona previamente seleccionada, la citamos y, cuando toma asiento en la silla asignada, ya algo nos "cayó bien": su vestir, su olor, su modo de hablar. Allí mismo establecemos un acuerdo y empezamos a trabajar.

Pasan los días, las semanas y, ya cumplido el primer mes, comienza a fallar en las tareas. Ahora no cumple ni el mínimo de las expectativas cerradas el día de contratación. ¿Qué sucedió?

Evaluamos desde nuestro modelo mental, y una vez más aparece dicho modelo. ¡Claro! Elijo desde la empatía, sin considerar las competencias de la persona, o, peor aun, sin tener conocimientos de las competencias no capacitables que existen en el mundo comercial. ¿Qué significa "no capacitables"? Significa que no se pueden enseñar, que forzar a que el otro las tenga es como querer que crezca una planta porque la tiras de la hojas.

Estas dos competencias son las siguientes:

- Orientación al logro.
- Resistencia.

La primera hace referencia al apuntar a algo más en mis objetivos: hace referencia al éxito y al esfuerzo por alcanzarlo.

La segunda tiene que ver con el soportar el rechazo, el hacer tareas que no me agradan, no decidir salir corriendo de un lugar porque me aburre, no me gusta, etc.

Ahora bien, cabe preguntarnos: estas competencias, ¿pueden detectarse en la línea de entrevista? Y la respuesta es "Sí", pero teniendo un método. Una vez más, un método disociado de mis emociones, de mis opiniones y, sobre todo, de mis juicios de valor.

Y, para profundizar lo escrito hasta aquí, me gustaría compartirte cuál es mi método que utilizo cada vez que una empresa me contrata para selección de personal.

En principio, existe una regla para este método y se sostiene de una frase: "Toda conducta pasada tiende a repetirse". Quizás no la sientas justa pero, como todo método, se sostiene de lo general, y no de la excepción. Acorde a este punto, quisiera compartirte lo que me sucedió a mí con relación a creer que podría existir una excepción y que a mí me tocaría. Me encontraba, como te comenté en capítulos anteriores, liderando un equipo comercial en una multinacional. Necesitaba algunas personas más para acrecentar mis resultados. Debido a esto, hacía decenas de entrevistas por semana. Un día, ya en las últimas horas de la jornada, apareció un nuevo candidato. Cuando ingresó a la sala, me agradaron su aspecto, su voz, su sonrisa. Lo invité a tomar asiento y comencé a hacerle las preguntas del método. A medida que lo escuchaba, me agradaba aún más; ya lo imaginaba en mi equipo y, por sobre todas las cosas, comenzaba a visualizar los resultados. Él se encargó de contarme cada uno de sus logros.

Primera conclusión: orientación al logro, ok. ¿Resistencia? Indagué por distintas áreas de su vida, y no la encontré. ¿Qué hice? Le puse "Ok", y que pasara a la siguiente etapa: la reunión con el gerente, con una cierta molestia en mi estómago, como una niña que acaba de realizar una travesura y desea que no la descubran. Le dejé su CV en el despacho.

Por la tarde, el gerente me llamó y me consultó al respecto:

—Mava, ¿dónde observaste la resistencia?

—No la observé.

—Yo tampoco. Entonces, ¿por qué escribiste: "Ok"?

—Porque es un perfil que me encanta. Estoy segura de que le va a ir muy bien.

Hizo silencio sin apartar su mirada de la mía; en ese silencio me estaba demostrando mi error.

Cuando volvió a hablar, me dijo:

—Vamos a hacerlo pasar a la siguiente etapa, para que aprendas.

Salí convencida de que esta vez el método estaba equivocado, de que, si hasta ahora no había vivido circunstancias que lo habían obligado a mostrar su resistencia, ahora lo haría conmigo, con mi equipo. ¿Imaginas por un momento el desenlace? El primer mes fue de muy buenos resultados; el segundo, alcanzó muy justo el objetivo; y, llegando el tercero, casi no venía a la oficina, aduciendo malestares estomacales, de garganta, etc. (por supuesto, estaban muy ligados a sus "malestares" de resultados). Ya casi en el tercer mes, tuve que reunirme con él para informarle que no podíamos seguir adelante. Sintiendo una enorme frustración, me acerqué al despacho del gerente quien, lejos de decirme algo así como "¿Viste?, ¡yo tenía razón!", solo me sonrió y me dijo: "Vamos, Mava, sigamos adelante". Es por esto por lo que quiero dejarte esta herramienta que desde hace tantos años me acompaña cada vez que debo realizar una selección de personal.

Currículum vítae

Es correcto mirar el CV, pero te recomiendo jamás descartar por CV, salvo por aquellos datos duros que necesites para filtrar (por ejemplo, edad, domicilio, algún título o especialización que requiera el puesto que ofreces).

Una vez ubicado frente a tu candidato, toma una hoja en blanco y, sobre esta, traza una cruz. Verás que te quedarán cuatro cuadrículas: dos más pequeñas arriba y dos más grandes debajo. En la primera a la izquierda, colocarás sus datos a medida que se los preguntes. Sí, ya lo sé: están en el CV, pero los datos no se los preguntamos para conocerlo, sino para "sacarle el personaje". ¿Qué es eso? Es nuestra primera tarea: sacarle el personaje.

Vamos por partes: nuestro candidato viene a una entrevista de trabajo, seguramente nervioso, ansioso y con alguna otra emoción que lo va a estar acompañando. Si nuestro puesto solicitado tiene que ver con un perfil comercial, vendrá con la energía que él cree conveniente, para que lo observemos de esa manera. Va a sonreír más de la cuenta y querrá contarnos en detalle algunos de sus logros en el mundo comercial. (Hay que tener presente que la ansiedad provoca verborragia: así somos los seres humanos). Recuerda que, capítulos anteriores, vimos que, cuando estamos ansiosos, hablamos de más. Es por esto por lo que hacerle preguntas muy básicas sin ningún tipo de contacto visual va a ayudar a nuestro candidato a bajar la ansiedad de manera paulatina. Con las respuestas de la primera cuadrícula, este objetivo generalmente se cumple. En la segunda cuadrícula, en el margen derecho arriba, indaga sobre estudios o especializaciones y dónde fueron concretados. Antes de continuar, quiero asegurarte que te sorprenderás por cómo vas a ir deduciendo rasgos de su personalidad con solo preguntar de manera básica. Recuerda mantener muy poco contacto visual, con la excusa de tener que escribir cada una de sus palabras. El paso siguiente es el camino laboral; para que se comprenda, veamos un ejemplo concreto. Para esto, necesitamos imaginar un nombre para nuestro candidato. Esta vez lo vamos a llamar "Santiago".

Comienza preguntando:

1) ¿Estás trabajando actualmente?

Sí, en la inmobiliaria Los Bosques.

2) ¿Cuánto tiempo hace?

Casi dos años.

3) Antes de este trabajo, ¿qué hacías?

Estuve trabajando en una empresa de seguros.

4) ¿Cuánto tiempo estuviste?

Un año, aproximadamente.

5) ¿Y antes de la empresa de seguros?

Trabajé en un multinivel.

6) ¿Cuánto tiempo?

Casi un año.

Ya tenemos tres trabajos: no es necesario indagar más en el tiempo.

Si la persona a la que estás entrevistando tiene menos de 25 años, es lógico que su trayectoria laboral sea breve o nula. En ese caso, te recomiendo que las preguntas sean relacionadas con deportes o con actividades extra que haya realizado.

Continuemos nuestra entrevista…

A continuación, le vamos a preguntar a nuestro candidato por sus trabajos: desde el más antiguo hasta el presente.

1) Santiago, estuviste trabajando en el multinivel cerca de un año. ¿Qué tareas realizabas y por qué dejaste de hacerlo?

Bajamos nuevamente la vista para tomar nota o para, simplemente, hacer dibujos. Lo importante es que nuestra concentración esté en lo que Santiago nos dice.

Continuamos:

2) Santiago, ¿cómo obtuviste el trabajo de la compañía de seguros?

Si nos cuenta que buscó trabajo mientras estaba en el anterior, es positivo; es importante que, al lado de nuestras anotaciones, dibujemos flechas hacia arriba o hacia abajo. Es fundamental, también, entender por qué nuestro candidato se fue de los trabajos. ¿Consiguió un mejor puesto en otra empresa? ¿Se mudó? ¿La empresa desvinculó a los empleados? ¿Estaba por un tiempo límite? Hay que tener en claro que cada respuesta nos va a dar referencias claras de su personalidad y de su actitud frente al mundo laboral.

Luego de este proceso, debemos pedirle:

3) Cuéntame alguna situación pasada donde tuviste un objetivo claro, pusiste lo mejor de ti y lo lograste.

Esta respuesta nos va a definir la *orientación al logro*.

4) Ahora, cuéntame alguna situación donde tuviste un objetivo claro, pusiste lo mejor de ti, pero no lo lograste.

Es importante hacer silencio y esperar a que hable, sobre todo en la segunda pregunta que, sin duda, será la que más le cueste y nos permitirá evaluar su *resistencia* y su sinceridad.

Una vez finalizadas ambas respuestas, le pediremos que nos mencione tres características propias. Por lo general, suelen preguntar: "¿Positivas o negativas?". Con una sonrisa dile: "Características".

Cabe tener presente que, si dice algo como "Soy buena persona, honesta, leal", no son características, sino todo lo contrario. ¿Por qué no lo son? Aquí te recomiendo los mayores cuidados ya que, hablando de frases, yo me sostengo de una muy conocida: "Dime de lo que abundas y te diré de lo que careces". Generalmente, las características mencionadas son laborales; entonces, suelo consultarles el nombre de una persona que quieran mucho. Supongamos que Santiago menciona a Ezequiel como su mejor amigo. Entonces, le digo:

"Si tuvieras delante a Ezequiel y te preguntara tres características de Santiago, ¿qué me dirías?". No sabemos qué va a responder. Lo ideal es que difieran, o que no sean las mismas tres.

Para finalizar, le solicito que me cuente cómo se imagina en cinco años. A esta altura, te sorprenderás por esto: Santiago estará muy relajado, y comenzará a hablar de una manera distendida.

Yo misma suelo cerrar mi cuaderno como dando por finalizada la reunión cuando, por supuesto, esta no es la realidad, mientras nuestro candidato continúe hablando. Si una persona te dice algo así como "Yo, en cinco años, ya quisiera estar viviendo en otro país" o "En 5 años me gustaría trabajar de manera independiente", evaluarás si es lo que buscas.

No hay algo que esté bien o mal. Todo tiene que ver con el para qué.

- ¿Qué espero de esta persona?
- ¿Cuánto tiempo deseo que esté?
- ¿Deseo tomarla para un puesto con posibilidad de ascenso o no?

Hazte todas las preguntas necesarias antes de generar entrevistas. Es importante que tengas tus objetivos claros y, de esta manera, cuides a cada persona que se siente frente a ti, con el anhelo de estar en el puesto que ofreces.

Para pensar...

◊ ¿Realizas entrevistas para la selección del personal?

◊ ¿Qué métodos utilizas?

◊ Si en tu equipo hay rotación de personal: ¿cuál consideras que puede ser la causa? Tal vez sea la falta de una motivación económica, horarios complejos que puedan amalgamarse con la vida personal, un clima laboral desfavorable... u otros motivos. ¿Cuáles de estos puedes identificar?

CAPÍTULO 12

PREJUICIO RESPECTO DEL VENDEDOR: ¿ES MÁS FÁCIL PARA LA MUJER?

En capítulos anteriores, vimos aquellas emociones que nos paralizan, y por alguna razón siento compartirte algo. Quizás no te haya sucedido pero, sin duda, algo te va a resonar de una de las tantas situaciones que solemos vivir y que nos paralizan también.

Realmente, ¿es más fácil vender para la mujer? Esta es una pregunta que suelen hacerme, y me llevó a ir un poco hacia atrás y pensar. Voy a compartir otro costado del mundo de la venta; no voy a dar un consejo específico o un tip para vender más. Simplemente, necesito responder, desde otro lugar, a una pregunta que suelen hacer más de lo que imaginas.

Te voy a dar la respuesta con un ejemplo que me sucedió hace varios años. Corría el 2001 y me encontraba viviendo en la ciudad de Ushuaia. En un año tan desafiante y movilizador para nuestro país, yo vendía seguros de vida "en dólares". Luego de haber solicitado varios contactos, llegué a una persona muy importante de la ciudad. Deseaba tener una entrevista con él, y sabía que la póliza correspondiente a este esperado cliente me generaría una ganancia considerable y necesaria para mí: hacía solo un par de meses que me había separado, y me encontraba sola con mi hijo de dos años.

Tuve dos entrevistas con este hombre; siempre su postura fue de mucha atención, aunque debo confesar que su extraña sonrisa en todo momento me generaba una incomodidad interior. Sin importar de qué estuviéramos hablando (si era con relación a la compañía o a los beneficios de la póliza), siempre me sonreía de la misma manera.

Mi entusiasmo por cerrar la venta era tan grande que dejaba pasar el dolor de estómago que sentía cada vez que me encontraba en ese lujoso despacho de luz tenue, con olor a madera y a libro antiguo. En nuestra tercera y definitiva reunión (en la que se iba a firmar la tan esperada póliza), llevé cada documento necesario. Al ingresar a su despacho, volvió a aparecer ese dolor de estómago y, sin entender por qué, un enorme nerviosismo. Me senté en el lugar de siempre y, cuando levanté la vista, lo vi dirigiéndose a la puerta y cerrándola con llave. Me sonrió, se me acercó, sacó de su bolsillo una caja y me dijo: "Esto es para ti". Cuando la abrí, vi una joya de oro; volví a ver su sonrisa y su cuerpo aproximándose más… Con un nudo en la garganta, sintiéndome paralizada, le dije: "¡Por favor, abre la puerta, que me quiero ir!".

Se echó hacia atrás como sin entender lo que sucedía, se puso colorado y abrió la puerta. Solté de mi mano su regalo y salí corriendo; en menos de un minuto me encontraba en el auto. Ese día hacía mucho frío, pero yo estaba transpirando y llorando; me incliné sobre el volante abrazándolo. Mi llanto era de frustración. Esa póliza no se iba a cerrar nunca. No, no leíste mal: mi tristeza no era por el horrible momento que había transitado, sino por el resultado laboral. Ese, justamente, es el punto de todo. Es mi propio análisis el que me lleva a reflexionar sobre lo sucedido.

Una vez que me tranquilicé, bajé del auto, saqué la nieve y, mientras volvía a la empresa, me preguntaba una y otra vez: "Qué pasó? ¿Le habré sonreído mucho como para que imagine que podríamos avanzar en otro plano? ¿En qué momento pudo haber percibido que le estaba coqueteando?".

Vendo desde que tengo diez años; estas situaciones y estas reflexiones me fueron sucediendo más veces de lo esperado. Se hacía habitual que el cliente, al tener mi tarjeta personal como corresponde, me llamara para invitarme a salir, y que yo acentuara, una vez más, ese diálogo interno de "Una venta menos". No reniego de lo vivido; solo me invito y te invito a pensar una vez más: "¿Es más fácil vender para las mujeres?".

Esta situación, como tantas otras que vivimos las mujeres, son trampolines que nos llevan a forjar nuestra personalidad. Quiero resaltar esto de las mujeres, pero con mucho respeto: esto no es una guerra de géneros. De hecho, a muchos compañeros les debo el cuidarme, el acompañarme a entrevistas con un "Por las dudas". Afortunadamente, los tiempos cambiaron, lo sé; no apunto ni señalo a nadie. Hace varios años, hasta te cuestionaban que rechazaras una invitación o alguna insinuación, porque se suponía que era un halago. Desde que soy muy chica me esfuerzo para hacer valer mis conocimientos; me esfuerzo por reivindicar el mundo de la venta, reivindicar la palabra "vendedor". Y te aseguro que hoy siento que transito con un orgullo enorme este camino que decidí emprender cuando fundé mi empresa de capacitación de ventas. Ventas, vender, vendedor... hay que alejar estas palabras: "manipulación", "estafa", "hacer algo que no se debe".

Es un orgullo enorme para mí que una empresa invierta en una capacitación conmigo, o que una persona saque una entrada para escucharme en un teatro o, más aún, estés ahora leyendo este libro.

Cada experiencia vivida me forjó; me hizo decidir y me direccionó donde estoy, y siempre voy a estar agradecida. Gracias a ti, mi querido vendedor; sigamos juntos trabajando y transitando este hermoso mundo de las ventas.

Para pensar...

◊ ¿Experimentaste alguna situación similar?

◊ En alguna oportunidad, ¿sentiste vergüenza o incomodidad con algún cliente? ¿Qué sucedió?

◊ ¿Consideras que actualmente estas situaciones han sido modificadas?

CAPÍTULO 13

¿POR QUÉ ES DIFÍCIL VENDER?

Durante años escuché repetidamente esta frase: "Es difícil vender". Cuando la formulaba como pregunta en mis capacitaciones, la audiencia hacía silencio. Sin duda, alguno de los participantes se preguntaba si es difícil.

A continuación fluían todas juntas las respuestas… algunas como estas:

- "Es difícil, porque la gente no tiene dinero".
- "Es difícil, porque vendo algo caro".
- "Es difícil, porque estamos en crisis".

Esta situación repetida me inspiró para hacer uno de mis primeros videos de Instagram. Debo confesarte que lo tuvimos que grabar varias veces porque, al mencionar cada punto, me quebraba en llanto recordando cada una de las situaciones que atravesé desde mis diez años mientras me dedicaba a la venta. El original duró cerca de tres minutos, y la edición fue todo un desafío, ya que no debía superar el minuto. Este video terminó viralizándose y dejó de ser uno más de "la chica de los videos", como en algún momento me llamaban. Nunca tuvo ni un solo comentario *heater*; es que, al escucharlo del otro lado, seguramente, en algún punto (aunque sea en uno de los ejemplos), se lograba la empatía. Esa emoción maravillosa que nos une a los seres humanos… La empatía nos despierta la frase interna: "A mí también me pasa".

El remate del video era el siguiente:

"No importa lo que nos suceda; nosotros, los vendedores, no trabajamos ocultos detrás de un monitor, ya que, detrás de una pantalla, podríamos esconder nuestra tristeza, nuestra preocupación, y hasta nuestras lágrimas".

Nosotros llegamos al cliente, lo miramos a los ojos y con total convicción debemos lograr que nos escuche, que nos elija. Y ese separar los problemas y preocupaciones de mi vida personal del resultado comercial es, sin duda, un enorme desafío.

Yo misma mencionaba algunos ejemplos como los siguientes:

Es difícil vender porque…

- A mi hijo no le está yendo bien en la escuela.
- Tengo problemas económicos, y no llego a pagar el alquiler.
- Ya no está conmigo alguien importante en mi vida.
- Discutí con mi marido.
- Me detectaron un grave problema de salud.

Y es en este último punto en el que me voy a quedar. No aparece en el video, pero es una gran verdad que me atravesó. No lo quiero compartir para generar el famoso "golpe bajo", ya que no suelo hablar de mis situaciones personales. Pero, indudablemente, fue un momento en que me tomé fuertemente de la mano del mundo de la venta para encontrar el oxígeno que necesitaba para cada día. Es por ello que, al pensar cómo cerrar juntos esta última hoja de este camino recorrido, llegó a mi mente y a mi corazón aquel momento. Para que se entienda en profundidad, debo contarte algo justamente relacionado con mi salud. Yo nací con una malformación en mi cabeza, que se descubrió recién a mis 27 años. Esta malformación me provocaba quistes que oprimían el cerebelo y que, por supuesto, debían ser intervenidos quirúrgicamente.

Una vez transcurridos aproximadamente diez años y tres cirugías, se acercaba el momento de transitar la más compleja de todas. Me tocó escuchar, de la voz del médico, la alta tasa de fallecimiento que tenía esa cirugía y, si sobrevivía, la gran posibilidad de no quedar en el mejor estado. El final ya lo sabemos porque aquí estoy escribiendo este libro y transitando una de las mejores etapas de mi vida laboral.

Cuando faltaban solo tres días para la intervención quirúrgica, me encontraba trabajando en una inmobiliaria. El dueño de la empresa, en varias oportunidades, me había propuesto que no trabajara, que no vendiera para, así, descansar. Por supuesto, me negué a cada una de sus generosas propuestas. Yo quería, y así lo sentía, trabajar hasta el último minuto, aunque me miraran con ojos de pena. No iba a sentir lástima de mí misma. Y, si bien no sabía el desenlace de todo, sabía que, como había hecho toda mi vida, pondría lo mejor de mí en cada momento.

Recuerdo que mi internación iba a ser un lunes, y que el viernes anterior la empresa entera tenía una reunión general con un abogado, que nos explicaría nuevos términos con relación a los contratos y boletos de los clientes. Esa charla duraría cerca de tres horas. Por supuesto, entenderás que no hay una propuesta menos atractiva para un vendedor que tener una charla administrativa, así como también imaginarás que yo estaba exceptuada de participar de esta. Contrariamente a lo que suponían, asistí. Abrí la puerta del lujoso despacho y miré a todos. Me senté en uno de los sillones, y entonces el abogado comenzó su disertación. Participé de manera muy activa, preguntando y repreguntando con elocuente entusiasmo. Una vez finalizada la extensa y administrativa charla, me dirigí al especialista en el tema para abordarlo con más preguntas.

Cuando me retiré del despacho, me estaba esperando fuera mi amiga Mariana, que me dijo:

—¿Que estás haciendo, Mava? ¿Por qué pierdes tiempo en estas cosas? ¿Qué te importa a ti todo esto? Con todo lo que se te viene, ¿qué te importa este tema? No entiendo.

—Exacto; no comprendes que lo que estoy haciendo es buscar oxígeno. ¿Entiendes que es el único momento en que puedo dejar de pensar en mi situación?

Y eso fue, y es, el mundo de la venta para mí. Este maravilloso mundo me dio oxígeno. Me obligó, en varias oportunidades, a concentrarme tan fuertemente en obtener información, en trabajar en mi propia formación, en mis entrevistas, en el resultado de cada uno de los clientes que tuve frente a mí…

Este debe ser un objetivo más para nosotros: no tengamos ni pongamos ninguna excusa en nuestro rendimiento. Cada vivencia difícil que tengamos que atravesar pasémosla con la energía que necesitamos al comenzar el día, para ir a una entrevista, para abrir el local, para atender en el consultorio o para contactar a algún nuevo cliente desde casa.

Espero que tú también recibas fuertemente el oxígeno que nos da el mundo de la venta, que nos obliga, aunque sea por unas horas, a dejar a un costado lo que nos está sucediendo. *Este es un nuevo objetivo, es nuestro nuevo objetivo.* Cerremos este capítulo respirando esta etapa con satisfacción (y, sobre todo, con orgullo).

Al comenzar cada día, conéctate con tu mundo, con tus afectos, con lo que te preocupa y con lo que te ocupa, y haz todo sin temor.

Luego, mientras te diriges a tu lugar de trabajo, concéntrate en el día laboral que tienes por delante, en sus desafíos y objetivos. Y después imagínate ya festejando, contactando al cliente, dedicándole el tiempo de atención que necesita, despejándole las dudas que tiene para acercarte cada vez más al éxito de tu venta.

Envíales un mensaje a ese cliente del que no supiste nada hace ya un tiempo o pon en marcha alguna acción que signifique un escalón más, un logro más, una venta más.

Siente apasionadamente cada paso que das, sabiendo que solo conseguimos aquello que amamos.

Quiero terminar esta última hoja brindando por ti. Gracias por este recorrido que hemos hecho juntos. Porque juntos, llegamos a esta instancia y ahora sí, sin más, ¡Vendedores, a vender! Una nueva etapa de resultados te espera…

HOJA DE CONTACTO

@ @mavagutierrezok

Mavagutierrez1

www.mavagutierrez.com

www.ingramcontent.com/pod-product-compliance
Lightning Source LLC
LaVergne TN
LVHW010239200726
843506LV00014B/3041